Schamanen-Orakel

Wulfing von Rohr

Schamanen-Orakel

Indianische Seelenbilder aus Santa Fe

mit Bildern von
Kenneth Joseph Estrada

Urania Verlags AG

2. Auflage 2000

ISBN 3-908645-96-4

Umschlag: Gerd Aumann, Kreativ Design, Wiesbaden, nach einer Vorlage von Kenneth Joseph Estrada
Satz: Satzbüro Brunner, Lyss / Schweiz
Druck und Bindung: Freiburger Graphische Betriebe, Freiburg i. Br.

Printed in Germany

Inhalt

Das Land des Zaubers – Ein Dank

Wie könnt ihr den Himmel kaufen oder verkaufen? Oder das Land? Dieser Gedanke ist uns fremd. Wenn die Frische der Luft und das Glitzern des Wassers uns nicht gehört, wie könnt ihr sie dann kaufen? Alles auf dieser Erde ist meinem Volk heilig…

Das wissen wir: Die Erde gehört dem Menschen nicht, der Mensch gehört der Erde. Alle Dinge sind miteinander verbunden wie das Blut, das uns alle eint. Der Mensch hat das Netz des Lebens nicht gewoben, sondern er ist nur ein Teil darin. Was er auch dem Netz antun mag, tut er sich selbst an.

Aus dem Schreiben von Chief Seattle an den US-Präsidenten

Zwölf wunderschöne, aufregende Jahre in Santa Fe, New Mexico, im *Land of Enchantment*, dem Land des Zaubers und des Verzaubertwerden, haben einen wesentlichen Abschnitt meines Lebens naturgemäß entscheidend geprägt. In diesen zwölf Jahren entstand ein tiefes Verständnis für die vielfältigen Verbindungen von Menschen untereinander, für die Einheit der Menschen, für die Einheit allen Lebens auf der Erde, sogar für die schöpferische Einheit des gesamten Seins weit über diesen blauen Planeten hinaus, hinaus in das dunkle All, in den Nachthimmel der unergründlich funkelnden Gestirne.

Und dafür bin ich zutiefst dankbar. Dankbar den Menschen, dem Land, der Erde, dem Himmel, dem Mond, der Sonne, den Sternen, den guten Geistern, dem Großen Geist…

Hier, wo der Himmel hoch, weit und blau-transparent ist, die Sonne gleißend, die Stürme heftig, die Landschaft unberührt, die Luft klar, das Leben voller Zauber, hier, wo sich der Rio Grande über zig Jahrtausende hindurch in tiefen Canyons seinen Weg in den Golf von Mexiko gebahnt hat, wo indianische Kivas und spanische Kirchen, buddhistische Tempel und jüdische Synagogen, indische Meditationsräume und islamische Moscheen zu finden sind, hier, wo man Indianern und Amerikanern, Asiaten und Europäern begegnet, wo man von Schamanen und Priestern, Rabbis und Gurus, Heilern und Astrologen lernen kann – hier besteht eine ganz besondere Schwingung, hier ist ein ganz ungewöhnlicher Ort der Kraft!

Die Worte von Chief Seattle gewinnen in Santa Fe eine ganz besondere Bedeutung: Sie beziehen sich hier nicht nur auf das äußere Land, das es zu schätzen und zu pflegen gilt, und die Gemeinschaft der Menschen untereinander, sondern vor allem auch auf die inneren Seelenlandschaften, die wir staunend erfahren und hegen sollten. Seine Worte sind eine Mahnung, daß wir unsere Seele nicht verkaufen, sondern uns auf ihre Wunder einlassen.

In meinen Filmarbeiten für einen Terra-X-Beitrag für das ZDF über die rätselhaften, seit dem 13. Jahrhundert verschollenen Anasazi-Indianer vom Chaco Canyon, die sich über ein ganzes Jahr erstreckten, hatte ich Gelegenheit, zahlreiche alte Siedlungsräume und Kultstätten zu erforschen und mit vielen Menschen zu sprechen, auch mit indianischen Anthropologen. Daraus ergaben sich für mich zusätzliche Hinweise zu den Wegen der Schamanen, die über spezifische Rituale und Zeremonien hinausführen.

Schamanen sind in allen Kulturen und Traditionen jene Männer und Frauen, die sich auf das Mysterium des Geistes im Körper, des Himmels in der Erde eingelassen haben, die über unsichtbare Brücken vom Diesseits ins Jenseits gegangen sind, die durch nebelhafte Räume zwischen Leben und Tod in eine andere Wirklichkeit gefunden haben.

Schamanen, die «Zauberer» und «Meister» aller geistigen Wege, haben diese Wunder erforscht und sie anderen Menschen zugänglich gemacht. Das jetzt vorliegende Schamanen-Orakel ist aus den Erfahrungen dieser zwölf Jahre in Santa Fe erwachsen. Seine Bilder stammen überwiegend aus den Archetypen der Indianer. Seine Weisheit geht jedoch weit darüber hinaus.

Den Weg des Schamanen bezeichnet eine geistige Haltung, ein Sich-Einlassen auf alles, auf die Ganzheit des Lebens. Auf diesem Weg dienen Urbilder, Archetypen, Symbole, Zeichen als Marksteine, als Wegweiser durch die Labyrinthe der jeweiligen Stimmungs- und Gemütsnebel.

Die äußeren Lebensumstände, die konkreten Aufgaben und Herausforderungen, die einzelnen Freuden und Sorgen sind von Mensch zu Mensch zwar unterschiedlich. Aber die inneren Prozesse, die Seelenentwicklung, die Hoffnungen und Träume, die Ziele und Ideale, sind uns allen gemeinsam. Wir alle wollen glücklich sein. Dazu gehört auch, Sinn und Erfüllung zu finden, sogar über die große Wandlung durch den Körpertod hinaus.

Das Schamanen-Orakel gibt hier Hilfestellung, indem es die Bilder der Seele anregt, die bereits tief im Inneren des/der Fragenden ruhen. Es hilft dem/der Suchenden auf dem ganz persönlichen *Vision Quest*, der geistigen Suche, indem es Kräfte, die bereits in ihm/ihr vorhanden sind, aktiviert, indem es seine/ihre Intuition öffnet und neue Inspiration vermittelt.

Einigen Menschen aus Santa Fe möchte ich an dieser Stelle ausdrücklich danken, die mir auf besondere Weise geholfen haben, auf dem Weg des Schamanen voranzugehen, und die meist eher indirekt, aber doch für mich spürbar zum Entstehen dieses Schamanen-Orakels beigetragen haben:

Chris und Karin Griscom, deren erster ausländischer Klient am Light Institute von Galisteo ich im Februar 1986 war; der Orientteppichhändlerin und geistigen Sucherin Sharon Z. Schenk und ihren Töchtern Zahira und Maryam; Martín Prechtel, dem

Schamanen, Kunstmaler und Musiker, über den ich im ZDF berichtet hatte und der inzwischen dann und wann auch in Europa ist; Gayan Sylvie Winter, einer lebensvollen, engagierten Wanderin zwischen den Welten, die mit mir den *Tarot der Liebe* und die *Kraft-der-Engel-Karten* gestaltet hat; Chaitanya H. Deuter, dem wunderbaren Musiker, dessen Produktion *Land of Enchantment* den ganzen Zauber Santa Fes einfängt; Ann Aura Knight und ihren Söhnen Marco und Brian, die als «indianische Prinzessin» ein wunderbares Erbe weiterträgt – und mit ihrer Arbeit hoffentlich bald einmal wieder nach Europa kommt; Alan Oken, dem außergewöhnlich kenntnisreichen, intuitiven und humorvollen Astrologen und «New World Server», und dem begnadeten Künstler Kenneth Joseph Estrada: *Ken, thanks for the Buffalo!*

Mein Dank wäre nicht vollständig, ohne zwei Menschen zu nennen, die mir seit den achtziger Jahren Licht und Liebe, Inspiration und Transformation vermitteln: Sant Darshan Singh und Sant Rajinder Singh. Sie sind «Schamanen» im höchsten Sinne: Sie leben und lehren «positive Mystik». Das heißt, daß sie mit beiden Beinen auf der Erde stehen und jedem Lebewesen – allen Menschen, allen Tieren, allen Pflanzen – Liebe aus dem Herzen schenken und ihnen selbstlosen Dienst erweisen und daß sie gleichzeitig mit ihrem Seelenbewußtsein, mit ihrem Geist, eins mit Vater Himmel, mit dem Großen Geist sind. Sie führen den Geist von Suchenden sicher durch die Fährnisse der Zwischenwelten, Traumwelten und Jenseitswelten, bis er ebenfalls eins mit dem Großen Geist wird.

Last but not least: *Danke, Santa Fe!*

Mutter Erde, Vater Himmel

Erde, lehre mich Ruhe, so wie Gräser still im neuen Licht stehen.
Erde, lehre mich Leiden, so wie alte Steine
an Erinnerungen leiden.
Erde, lehre mich Demut, so wie Blüten voller Demut
am Anfang stehen.
Erde, lehre mich Behüten, so wie Mütter ihre Kleinen nähren.
Erde, lehre mich Mut, so wie der Baum, der alleine steht.
Erde, lehre mich Grenzen, so wie die Ameise am Boden krabbelt.
Erde, lehre mich Freiheit, so wie der Adler in den
Himmel emporfliegt.
Erde, lehre mich Annehmen, so wie die Blätter,
die im Herbst sterben.
Erde, lehre mich Erneuerung, so wie der Same,
der im Frühling emporsproßt.
Erde, lehre mich, mich selbst zu vergessen, so wie schmelzender
Schnee sein Leben vergißt.
Erde, lehre mich, mich an Güte zu erinnern, so wie Regen über
trockenen Feldern weint.

Gebet der Ute

Ich erhebe mich vom Ruhelager mit Behendigkeit,
die geschmeidig wie der Schlag der Rabenflügel ist.
Ich erhebe mich, um dem Tag zu begegnen. Houa. Houa.
Mein Gesicht ist vom Dunkel der Nacht abgewandt,
um das Aufdämmern des Tages zu schauen,
der jetzt den Himmel erleuchtet.

Lied der Inuit
(Aus: Shared Spirits, Wildlife and Native Americans, S.5, S.6, Dennis L. Olson, NorthWord Press, Minocqua, Wisconsin, 1995)

Zwischen Erde und Himmel, zwischen Himmel und Erde, führt unser Leben, immer weiter voran, niemals stille stehend. Jeden Tag haben wir staunenswerte, merk-würdige Erfahrungen auf vielen Ebenen: der materiellen, der emotionalen, der mentalen und der spirituellen. Wir bewegen uns in und durch irdische und himmlische Reiche – allerdings oft, ohne uns dessen bewußt zu sein.

Wir alle haben, wie es die Älteren uns eindringlich sagen, eine vielleicht kleine, aber wichtige und not-wendige Rolle in einem großen Welttheater von Licht und Schatten zu spielen. Wir mögen es mal als Drama, mal als Komödie und häufig auch als beides empfinden. Wir sind Schauspieler auf dieser grandiosen Lebensbühne. Und früher oder später – die meisten von uns wohl aufgrund unseres geistigen Phlegmas leider erst später – werden wir entdecken, daß wir ein untrennbarer Teil einer einzigen allumfassenden atemberaubenden schöpferischen Kraft sind. Wir mögen diese Kraft Gott oder Allah, Jahwe oder Buddhakraft nennen – der Begriff Großer Geist ist genauso angemessen.

Wenn wir ein Tropfen aus dem Meer der Ewigkeit sein sollen, ein Lichtstrahl einer immerzu scheinenden Sonne sein sollen, warum sind wir auf unserer Lebensreise dann aber so oft voller Ängste, warum sind wir manchmal zornig oder verwirrt oder sogar niedergeschlagen? Wenn wir «eigentlich» Teil einer wunderbaren schöpferischen Kraft sind, warum erfahren wir uns dann so oft als «Opfer» äußerer Umstände oder «zufälliger» Schicksalsschläge?

Weil wir Werte und Visionen aus den Augen verloren haben, weil wir Träume und Ziele vergessen haben, weil wir uns verirrt haben und nicht mehr auf unserem Weg weitergehen, weil wir den Sinn des Wegs nicht mehr kennen.

Wir gehen den Herausforderungen, ganz wir selbst zu werden und zu sein, aus dem Wege, weil wir viel zu sehr damit beschäftigt sind, auch nur das bare Überleben zu sichern, oder weil wir unter dem Joch der Alltagslasten ächzen.

Oder weil wir einfach ein mehr oder weniger untätig dahintreibendes Produkt einer Gesellschaft geworden sind, die Konsum und Komfort, kurzfristige Sinnesbefriedigung und oberflächliches materielles Denken zu ihrem Selbstzweck gemacht hat.

Weise Frauen und Männer, Propheten und Seher antiker und neuerer Zeiten haben Wege und Mittel gefunden, um unsere körperliche und geistige Behäbigkeit zu überwinden. Sie haben Übungen und Methoden entwickelt, um emotionale und mentale Klärung zu erreichen und eine neue spirituelle Orientierung zu gewinnen. *Schwitzhütten* gehören genauso dazu wie der *Vision Quest*, die bewußte, jedoch zunächst sogar ziellose (weil gänzlich offene!) Suche nach geistigem Sinn und neuer Lebenskraft, die schließlich – wenn sie mit Erfolg gesegnet wird – auch zur persönlichen Medizin wird.

Die Suche nach einer spirituellen Vision des Lebens, die aktive Bemühung darum, eine verborgene Quelle der geistigen Erneuerung zu finden, das Verlangen nach deutlichem Fortschritt, die Sehnsucht nach einem Zugang, um wieder bewußt eins zu werden mit dem Großen Geist und ihn durch uns hindurch leben zu lassen – all das macht den *Weg des Schamanen* aus.

Wir können diese verborgene Quelle des bewußten Lebens in Harmonie mit Vater Himmel und Mutter Erde als den *Heiligen Gral* bezeichnen, den *Stein der Philosophen*, das *Juwel in der Lotosblüte* oder auch die *Kraft des Medizinrads*.

Der Vorgang der Suche nimmt unterschiedliche Formen an. Die Sehnsucht der Seele mag sich im Vorgang der *kreativen Visualisierung* äußern oder in der *aktiven Imagination*, in Träumen und ihrer Deutung oder im Gebet, im selbstlosen Dienst am Nächsten oder in stiller Meditation.

Immer werden Bilder eine Rolle spielen, äußere und innere. Die Seele lebt in einer vielschichtigen Welt farbiger Bilder und machtvoller Symbole. Alte schamanische Rituale bedienen sich genauso wie die jungianische Psychologie bewußt bestimmter Zeichen und Archetypen. Sie können uns helfen, unsere spirituelle Trägheit zu überwinden, sie können unsere Aufmerksamkeit auf den wahren Weg zurücklenken und uns darin bestärken, unserem Leben seinen ursprünglichen Sinn zurückzugeben.

Der Weg des Schamanen stellt keine leichte Ausflucht vor unseren Aufgaben dar. Er wird uns auch nicht einfach irgendeine magische Hilfe liefern, die unsere Probleme erledigt, unsere Wünsche erfüllt oder unsere Träume ohne eigene Anstrengung wahr werden läßt.

Im Gegenteil: Der Weg des Schamanen fordert uns dazu auf, wieder Verantwortung für uns, unsere Gedanken, Worte und Handlungen, für unsere gesamte Lebensreise zu übernehmen und für alle Entscheidungen, die wir treffen.

Wenn wir nach den Sternen greifen wollen – und das sollen, dürfen und können wir ja! –, so müssen wir dementsprechend harte Arbeit und Selbstaufgabe, Einsatzbereitschaft und Geduld aufbringen. Der Weg des Schamanen stellt zunächst vor allem einen Aufruf dar, bewußter zu leben, sensibler, genauer und uns der schöpferischen Kraft des Großen Geistes zu öffnen.

Das Schamanen-Orakel leistet dabei eine wertvolle Hilfestellung, weil es auf die noch nie entdeckten oder im Laufe des Lebens bereits schon verschütteten menschlichen Gaben hinweist, die im Suchenden und Fragenden stecken. Es zeigt sowohl unsere abgelehnten Herausforderungen, unerledigten Aufgaben und verlorenen Visionen der Seele an wie unsere Entwicklungschancen. Das Schamanen-Orakel ist eine Art Vergrößerungsglas, um starke und schwache Seiten der Persönlichkeit zu erkennen; es ist gleichzeitig ein spirituelles Fernglas, das den sonst vielleicht noch undeutlichen Weg und das weit entfernte Ziel in sichtbare und damit greifbare Nähe rückt. Das Schamanen-Orakel beleuchtet wichtige Themen, wesentliche Eigenschaften und wahre Ziele unseres Lebens und gibt uns Mittel an die Hand, Sinn zu finden und zu verwirklichen.

Seine tiefgründigen Symbole und vielschichtigen Bilder lösen das Wiedererkennen von Wahrheiten aus, welche die Seele lange schon vergessen hatte. Seine eindringlichen Gestalten, erdigen Farben, lebendigen Strukturen und starken Sinnkräfte aktivieren unbewußte und überbewußte Wirklichkeiten, die wieder zu einem selbstverständlichen Bestandteil unserer Lebensreise zum Ziel allen Lebens werden können: Selbsterfahrung und Selbstverwirklichung, selbstloses Dienen an Mutter Erde und Vater Himmel und all ihren Geschöpfen und schließlich das Aufgehen im Großen Geist.

Wie läßt sich nun der Zauber von Schamanen in unserer europäischen Welt nutzen? Die Beschäftigung mit den vierzig Bildern des Schamanen-Orakels ist eine wirksame Hilfe, um die verschütteten Kräfte in uns selbst wieder zu entdecken. Sie wirken als Anstoß, eine neue Sichtweise einzunehmen. Sie regen dazu an, neues Gespür dafür zu entwickeln, was wesentlich ist. Im Zusammenhang mit einer geeigneten Fragestellung helfen die Karten, Antworten zu finden, eine neue Dynamik in unserem Leben zu entfalten und einen ganz eigenen Weg zu gehen. Die Bilder des Schamanen-Orakels dienen dann sogar als *persönliche Medizin!*

Martin Buber, ein herausragender Vertreter der jüdischen Mystik, beschreibt den Wert der individuellen Suche nach der Wahrheit so:

Gott sagt nicht: «Das ist ein Weg zu mir, das aber nicht», sondern er sagt, «alles, was du tust, kann ein Weg zu mir sein, wenn du es so tust, daß es dich zu mir führt.»

Das Schamanen-Orakel möchte ernsthaft Suchenden auf ihrem Weg ein nützliches Instrument sein, sich mit Neugier auf diesem Weg voranzuwagen. Es ist ein Werkzeug, um die unterwegs immer wieder notwendigen persönlichen Wandlungen vollziehen zu können und um ein erfüllteres Leben im Einklang von Himmel und Erde zu führen. Es kann helfen, aus allem, was man tut, einen Weg zur Wahrheit werden zu lassen – wenn wir es auf die rechte Weise und im rechten Bewußtsein tun.

Vom Kokopelli zum Zia – Bedeutung der vierzig Karten

Es ist wahr, daß viele der alten Wege verloren sind, aber wie der Regen die Erde nach einer Trockenzeit wieder belebt, so wird die Kraft des großen Mysteriums den Weg wiederherstellen und ihm neues Leben geben. Wir bitten darum, daß dies nicht nur für die roten Menschen, sondern für alle geschehen möge. Damit sie alle leben. Sie sind voller Unwissen und Achtlosigkeit auf Ina Maka, unserer Mutter, hin und her gegangen. Sie haben nicht verstanden, daß sie Teil aller Wesen sind – vierbeiniger Wesen, geflügelter Wesen, Großvater Felsen, der Baum-Wesen und unserer Sternenbrüder. Nun ruft unsere Mutter, und alle ihre Verwandten rufen. Sie rufen nach der Hilfe aller Menschen.

Gebet der Lakota
(Aus: Shared Spirits, a.a.O., S.6.)

Auf den folgenden Seiten findest du die Abbildungen der vierzig Karten, ihre Namen, Stichworte zur allgemeinen Bedeutung und Hinweise dazu, was die jeweilige Karte als Tageskarte, in der Auslegung als Vater Himmel oder Mutter Erde, als Vergangenheit, Gegenwart oder Zukunft, im Medizinrad als Osten, Süden, Westen oder Norden und als persönliche Medizin besagt.

Im Sinne des Gebets der Lakota sollten die Deutungen des Schamanen-Orakels als Aufruf verstanden werden. Sie sind Aufrufe zur Bewußtwerdung, zur Erinnerung an das eigene Potential, zur Wiederbelebung der ursprünglichen Lebensvision. Die Deutungen sind positiv, konstruktiv, auf Aufbau und Hilfe ausgerichtet. Damit wird der Schatten nicht negiert, sondern so werden die Lichtkräfte gestärkt – in uns und auf der Erde.

Abend-Tanz

Tanz beim Sonnenuntergang, um für den Tag und seine Gaben zu danken. Auch um zu danken, daß wir den Tag überhaupt haben erleben dürfen!

Beende diesen Tag und jeden deiner Tage mit einem Gebet voller Dankbarkeit. Freue dich ebenso über den Abschluß anderer Zeiten und Zyklen, und biete dem Großen Geist deinen Dank dafür an. Auch wenn dir eine bestimmte Periode eher negativ erscheint, wirst du Erfahrungen gesammelt haben, für die du dankbar sein kannst.

Als Tageskarte

«Opfere» heute abend eine halbe Stunde, um in Ruhe über den Tag nachzudenken, bewußt die Natur zu genießen oder ungestört zu meditieren.

Als Mutter Erde

Notiere drei Dinge, die das Leben – Menschen, Tiere, die Natur, der Große Geist – dir heute geschenkt haben.

Als Vater Himmel

Schreibe drei Dinge auf, die du heute deiner Umwelt geschenkt hast – Menschen, Tieren, Pflanzen, der Erde.

Als Osten

Was fehlt dir für den nächsten Lebensabschnitt? Suche danach.

Als Süden

Welche Gefühle behindern dich auf deinem Weg? Bist du bereit, sie aufzugeben?

Als Westen

Finde ein neues Gleichgewicht zwischen alter Erfahrung und neuer Begeisterung.

Als Norden

Schreibe die drei Ziele auf, die sich wirklich lohnen.

Als Medizin

Jeder Tag geht zu Ende, jedes Erdenleben…
Suche nach dem, was bleibt, bitte um Einsicht darin.

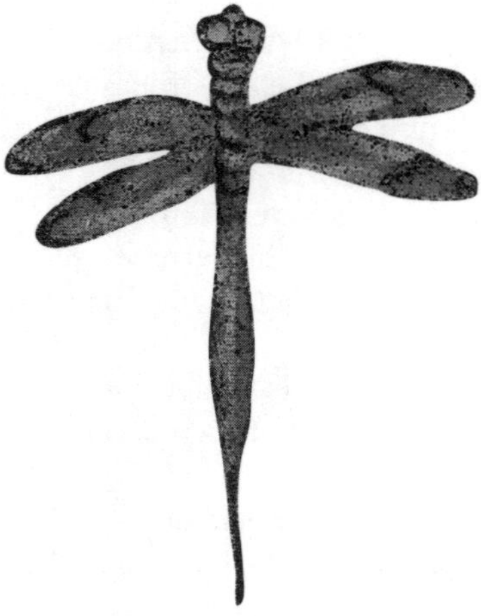

Aufbruch

Aus der Arbeit mit dem Medizinrad ersteht ein neues Wesen. Die Kräfte der vier Himmelsrichtungen bringen etwas Neues hervor. Welche Himmelsrichtung ist unser Fundament, wo ist unser Ziel?

Entwicklungsmöglichkeiten erspüren; Hindernisse überwinden; Schmerzen eines Geburtsvorgangs aushalten, aktiv etwas ganz Neues anstreben; Entscheidungen über die Zielrichtung der anstehenden Wandlung treffen.

Als Tageskarte

Was wolltest du schon lange anpacken und hast es doch immer wieder verschoben? Fang heute damit an!

Als Mutter Erde

Selbstlosen Dienst für alle Lebewesen zu üben, stellt einen echten Aufbruch dar. Lebe vier Wochen, ohne Tiere zu töten (bzw. töten zu lassen) – also rein vegetarisch.

Als Vater Himmel

Die höchsten Wahrheiten sind nicht sichtbar und greifbar, jedoch erfahrbar – wie die Liebe. Meditation am «dritten Auge» führt dich in das Erleben höchster Wahrheiten.

Als Osten

Brich nach Osten hin auf, äußerlich oder innerlich. Dort warten Offenbarungen auf dich. In Osteuropa, in Indien?

Als Süden

Genieße den Süden mit seiner Wärme, seinen schweren Düften, seiner Fröhlichkeit. Mach Urlaub vom Alltag.

Als Westen

Erforsche die Weite des Westens, an der Atlantikküste, im Wilden Westen Amerikas. Mach deinen Geist genauso weit.

Als Norden

Erlebe die Geheimnisse von Mittsommernacht, Nordlicht und Natur in Schottland, Schweden oder Grönland.

Als Medizin

Entwicklung ist immer notwendig, ein ganzes Leben lang. Bleibe offen für Veränderungen. Lernen hört nie auf. Lerne im kommenden Monat irgend etwas völlig Neues.

Bärenkarte

Eine Karte weist auf den Aufenthalt eines Bären hin, der durch eine «Herzlinie» besonders gekennzeichnet ist. Die Stärke des Bären kommt aus seinem Herzen; wenn unser Herz verletzt ist, schwindet unsere Stärke.

Anhaltende Stärke, die uns auf unserer ganzen langen Lebensreise schützen kann, erwächst aus dem Herzen. Entwickeln wir Mitgefühl für Menschen, deren Herz verletzt ist, teilen wir unsere Stärke mit ihnen und bitten wir den Großen Geist, sie zu heilen.

Als Tageskarte

Folge einen Tag lang nur deinem Herzen – in allem, was du denkst, fühlst, sagst und machst. Ziehe dann Bilanz.

Als Mutter Erde

Du trägst Verantwortung für schwächere Lebewesen in deiner Obhut – ob Erwachsene oder Kinder, Tiere oder Pflanzen. Nimm diese Aufgabe an wie eine Bärenmutter.

Als Vater Himmel

Der Bär taucht gleich zweimal als Sternbild am Himmel auf, als der kleine und der große Bär. Diese Karte auf diesem Platz verheißt dir seelische Heilung.

Als Osten

Versenke dich in das Bild eines Bären. Welche Gefühle tauchen auf, welche Gedanken, welche Assoziationen?

Als Süden

Bring deine ganze Kraft in deine Aufgaben ein. Du hast mehr Kraft, als du glaubst.

Als Westen

Jemand, der verletzt ist und leidet, braucht deine Hilfe. Geh zu ihm oder ihr.

Als Norden

Lerne, dich zeitweise vom Gepränge und Gedränge der Welt in die Stille zurückzuziehen, und überlaß es dem Großen Geist, dir ein Zeichen zu geben, wann du dich wieder nach außen wendest.

Als Medizin

Folge vier Wochen lang nur deinem Herzen – möglichst in allem, was du denkst, fühlst, sagst und machst. Sei nicht erstaunt, wenn die Umwelt sich über dich wundert. Du wirst dein Leben grundlegend verändern.

Blüte

Farbenfrohe Vielfalt, die Mutter Erde uns als Geschenk gibt. Ein neuer Lebensabschnitt voller Freude; Unbeschwertheit.

Laß deine Gaben und Talente glänzen, strahle deine inneren Werte und Schönheit in deine Umgebung aus. Erfreue dich auch an den kleinen Dingen des Lebens. Die Lieblichkeit und Farbenpracht der Blüten erscheinen vielen Menschen als unwesentlich – und doch lassen sie sich nicht nur sehen und riechen, sondern sogar schmecken. Ohne sie würde Honig keine Süße haben.

Als Tageskarte

Versuche, alle anderen so anzulächeln wie eine Blüte, die nicht unterscheidet, wer sie anblickt. Am Abend stelle dann fest, wie dein Tag war.

Als Mutter Erde

Ohne Bienen blühen Blumen nur einen Sommer lang. Wir alle sind Teil eines großen Ganzen, sichtbar oder unsichtbar voneinander abhängig. Trage deinen Anteil aktiv bei.

Als Vater Himmel

Blumen folgen dem Lauf der Sonne vom frühen Aufgang bis zum späten Untergang. Folgen wir dem inneren Stern, dem Licht des Großen Geistes? Bemühen wir uns darum?

Als Osten

Denke zurück an deine Kinderträume, an den kühlen Tau früherer Hoffnungen auf´s Leben. Er-innere dich jetzt wieder daran, und laß sie in deinem Alltag wieder eine Rolle spielen.

Als Süden

Ruf dir die Gefühle, die Musik und den Duft glücklicher Momente des Lachens und der Freude in Erinnerung. Laß diese Bilder jetzt wieder aufleben, und schöpfe neue Kraft.

Als Westen

Sammle Rosenblätter und andere wohlriechende Blüten in einer Schale. Berühre sie ab und an, atme ihren zarten Duft ein und laß dich durch sie in besinnlichen Stunden an die Fülle des Lebens er-innern.

Als Norden

Bäume, die im Winter wie leblos ihre kahlen Äste in den Himmel recken, sind nicht tot, sondern besinnen sich auf ihre Vision und sammeln neue Kraft dafür. Erkenne, daß Zeiten des Rückzugs helfen, danach auf deinem Weg um so zielgerichteter auszuschreiten.

Als Medizin

Eine Blüte strahlt und duftet nicht nur, um zu erfreuen, sondern auch, um auf sich aufmerksam zu machen und ihre Frucht weitertragen zu lassen. Was möchtest du, daß andere Menschen in dir sehen, spüren und von dir weitertragen?

Büffel

Sicherheit und Stärke. Ein Geschenk des Großen Geistes, um Zweibeiner aus seinem Körper zu ernähren, ihnen aus seinem Fell Kleidung zu verschaffen, aus seinen Knochen Werkzeug. Die Büffelherden waren das Fundament der *Plains Indians*, der Stämme der weiten Prärien.

Entdecke all deine Stärken, nutze all deine materiellen und spirituellen Ressourcen, verschwende deine Gaben und Fähigkeiten nicht. Sichere Stärke erwächst aus der Einsicht, daß der Große Geist uns alles gibt, was wir zum Leben brauchen, wenn wir es nur richtig einsetzen.

Als Tageskarte

Beginne den Tag mit der mentalen Wiederholung von «Ich bin», fünf Minuten lang. Trage heute die Bewußtheit des «Ich bin» in dir. Fühle bei allem, was du tust: «Ich bin».

Als Mutter Erde

Sei dankbar für das, was du in deinem Leben erhältst, indem du nichts verschwendest und indem du teilst.

Als Vater Himmel

Sei dankbar für das, was du in deinem Leben erhältst, indem du dich daran erinnerst, daß du allein nichts schaffst oder schöpfst, sondern wirklich alles eine Gabe des Großen Geistes ist.

Als Osten

Arbeite eine Zeitlang mit der Affirmation: «Ich bin Klarheit!»

Als Süden

Arbeite eine Zeitlang mit der Affirmation: «Ich bin Mitgefühl!»

Als Westen

Arbeite eine Zeitlang mit der Affirmation: «Ich bin Dienen!»

Als Norden

Arbeite eine Zeitlang mit der Affirmation: «Ich bin Frieden!»

Als Medizin

Im Medizinrad steht der Büffel für den Ort von Weisheit, stetiger Erneuerung und persönlich erworbenes Wissen.

«Was du ererbt von deinen Vätern, erwirb es, um es zu bewahren» – so ein Spruch aus Niedersachsen, der dasselbe zum Ausdruck bringt: Nur die eigene Lebenspraxis zählt, nur die eigene Verwirklichung, keine leeren Reden.

Dachs

Beharrlichkeit und Hartnäckigkeit; eine an sich sanfte Energie, die jedoch sehr kampfstark sein kann, wenn sie angegriffen wird und sich oder ihr anvertraute Lebewesen schützen will und muß.

Lassen wir nicht nach auf unserer Suche, bleiben wir «dran», graben wir tiefer, auch wenn es große Widerstände gibt oder Verzögerungen eintreten. Nur mit intensiver eigener Bemühung kann die Öffnung für höheren Segen erfolgen.

Als Tageskarte

Bemühe dich heute, sanft zu sein und sanft zu bleiben, und dabei doch beharrlich und ohne dein Ziel aus den Augen zu verlieren.

Als Mutter Erde

Es ist ganz in Ordnung, das zu schützen und zu verteidigen, wofür du Verantwortung übernommen hast. Sanftheit bedeutet nicht beliebige Nachgiebigkeit oder Weichheit.

Als Vater Himmel

Die Hände bei der Arbeit, das Herz bei den Menschen, der Geist im Raum jenseits der Sterne – das versuche zu leben.

Als Osten

«Ich versuche Erfolg nicht zu erzwingen, sondern öffne mich für das, was das Leben mir von sich aus bringen möchte.»

Als Süden

«Ich verliere mich nicht in den vergänglichen Freuden des Augenblicks, sondern erlange mehr Stärke durch Verzicht.»

Als Westen

«Ich rufe im Kreise von Freunden durch Geschichten die Erinnerung an die Weisheit der Alten wach.»

Als Norden

«Ich schreibe nieder, was mich bewegt und was mich voranträgt – und bitte um den Segen des Großen Geistes.»

Als Medizin

An welchem Thema in deinem Leben solltest du tiefer graben? Widme dich die nächste Zeit über vorrangig einer einzigen Aufgabe, bis diese wirklich gelöst ist.

Feuer

Energie, Kraft, Macht. Feuer ist ein Bote jener Kraft, die Sichtbares in Unsichtbares wandelt, es ist ein Aufflackern des Großen Lichts, das wärmen oder verbrennen kann, transformieren oder zerstören, Metalle schmelzen oder Menschen töten.

Lerne, wann und wie du die machtvollsten deiner Energien kraftvoll, aber weise, fördernd, jedoch nicht verletzend im Alltag und auf deinem Weg anwendest. Gedanken und Worte, Gefühle und Taten können solche Feuer-Kräfte sein.

Als Tageskarte

Fördere den ganzen Tag über andere, ermutige sie, überfordere und kommandiere sie jedoch nicht.

Als Mutter Erde

Laß dich ein auf die Leidenschaft des Lebens. Ist sie dir derzeit erloschen? Dann zünde sie wieder an. Wie? Mit Arbeit oder selbstlosem Dienen, mit Naturerleben oder Sport, mit Tanz oder Gesang.

Als Vater Himmel

Feuer bringt Metall zum Schmelzen, verwandelt Holz in Licht und Hitze, in Glut und Asche. Etwas steigt empor und hinterläßt etwas anderes. So sollte dein Denken und Entscheiden werden.

Als Osten

Sage kein Wort der Kritik (und sei sie noch so berechtigt), ohne gleichzeitig über den Menschen, die Sache oder die Angelegenheit auch etwas Gutes zu sagen.

Als Süden

Geh in die Sauna oder Schwitzhütte, reinige dich äußerlich und innerlich, werde offen für Neues.

Als Westen

Gib anderen von deiner Herzenswärme ab, hilf, ihre Lebensfreude und ihren Mut wieder zu entfachen.

Als Norden

Über Nacht bewahrt die Glut unter einer Schicht von Asche das innere Feuer. Nähre deine Glut durch stille Meditation.

Als Medizin

Führe ein Ritual durch, bei dem du (am besten unter freiem Himmel) ein Feuer machst, Schreibe alle Situationen und Schwächen getrennt auf, die dich belasten, und gib ein Papier nach dem anderen in die Flammen, verbunden mit einem Gebet zur Reinigung. Am Ende vergrabe die Asche.

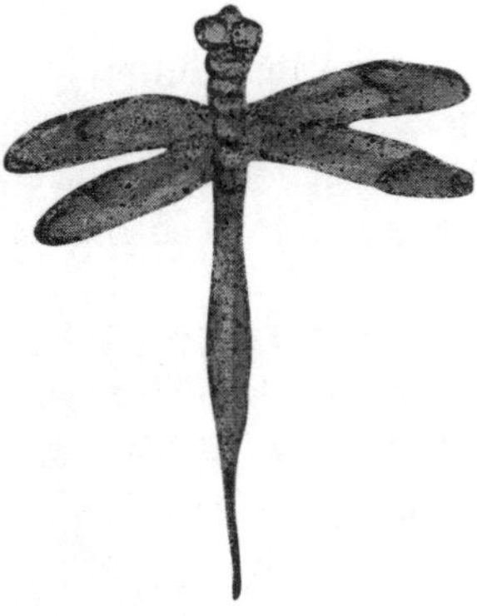

Fischer

Ein Mann, der mit erhobenen Händen dankt – für Wasser, für Nahrung, für Erfolg. Der Fisch steht für Speise, die nicht ständig und wie selbstverständlich zur Verfügung steht, der Speer für die eigene Anstrengung, das Wasser für den Zyklus von Auftauchen und Vergehen, für «alles fließt».

Sei dankbar für das, was das Leben dir gibt. Laß dich ein in den Fluß der Energien, die niemals stille stehen, setz dich mit allen Kräften für deine Ziele ein und sei gleichzeitig doch für ständige Veränderung und das, was sie dir bringt.

Als Tageskarte

Gehe an ein schönes Gewässer, und verbringe dort einige Zeit. Spüre dabei in dich hinein: Was bedeutet Wasser für mein Leben?

Als Mutter Erde

Dürfen wir Lebewesen einfach töten, nur weil sie stumm sind? Wenn wir auch anders überleben könnten? Nehmen wir uns von Mutter Erde nur das, was wirklich notwendend ist, um uns zu erhalten.

Als Vater Himmel

Je mehr der Mensch aus der inneren Kraftquelle des Geistes lebt, desto weniger bedarf er der äußeren Speise. Suche den Zugang zum Strom, der dich immer erfrischen und dir immer Nahrung spenden wird.

Als Osten

Ernähre dich ein oder zwei Tage lang nur von Wasser, Milch, verdünnten Säften oder Gemüsebrühe.

Als Süden

Wähle eine Zeitlang nur Früchte und Nüsse als deine Speise.

Als Westen

Iß mehrere Tage lang nur Gemüse, das über der Erde wächst.

Als Norden

Nimm eine Woche lang Nahrung zu dir, die unter der Erde wächst, wie Wurzeln und Kartoffeln.

Als Medizin

Die Lehre der Fische für Menschen ist: Was wir gemeinsam haben, ist mehr als das, was uns trennt. Nähre in der nächsten Zeit das, was dich mit Menschen verbindet.

Gebären

Austragen, Gebären, Geburt; die Mutterrolle ausüben, schützen, umsorgen, lieben. Verantwortung übernehmen und sich selbstlos für andere einsetzen, die schwächer sind und der Fürsorge bedürfen.

Lerne, andere zu nähren und zu schützen, zu fördern und zu lieben. Denke, fühle, sprich und tue das, was das Beste in anderen hervorbringt.

Als Tageskarte

Fühle, wie eine Mutter fühlt (auch wenn du ein Mann bist) gegenüber allen Lebewesen, die dir begegnen. Erfasse, was es bedeutet, zu schützen, zu nähren, zu wärmen, da zu sein.

Als Mutter Erde

Du trägst in dir eine Kraft, die sich auf schöpferische Weise manifestieren will – im sozialen oder künstlerischen Bereich. Gib ihr Zeit, sich langsam zu formen, bevor du sie nach außen trägst.

Als Vater Himmel

Du trägst in dir einen Schatz, den du erst noch entdecken mußt. Du findest ihn nicht im äußeren Tun, sondern im inneren Sein.

Als Osten

Pflege deine Träume und Visionen, hüte sie, damit sie zu Zielen und Plänen heranwachsen können.

Als Süden

Wenn du etwas einmal begonnen hast, gib nicht beim ersten Widerstand auf, sondern kümmere dich weiterhin darum mit ganzem Einsatz.

Als Westen

Kurz vor dem Abschluß jedes Vorhabens kommt es oft noch zu unerwarteten Problemen. Gerade jetzt sind innere Beharrlichkeit und äußeres Loslassen zum Gelingen notwendig.

Als Norden

Wenn jemand anderer Meinung ist als du, laß es gelten, debattiere nicht unnötig, sondern richte deinen Geist auf seine wahren Wurzeln.

Als Medizin

Es gibt zwei Geburten, die körperliche und die geistige. Diese geistige Geburt erfolgt, wenn du beginnst, die innere Musik zu hören und das innere Licht zu sehen. Suche einen Meister-Schamanen, der dir diese Verbindung gibt.

Hand

Symbol für Selbstausdruck, Aktion und angewandte Geschicklichkeit und ein Kind. Auch ein Lebenszeichen, mit dem in früheren Erdentagen Mitteilung davon gemacht wurde, daß Zweibeiner an einem bestimmten Ort sind.

Tue etwas, sei aktiv, setz dich konkret für Menschlichkeit ein, nimm Dinge selbst in die Hand. Achte darauf, daß das, was du tust, schöpferisch und sinnvoll ist. Unter Umständen Hinweis auf ein Kind, das zu dir kommt.

Als Tageskarte

Nimm ganz bewußt alles wahr, was du an diesem Tag in die Hand nimmst – eine andere Hand, Papier, einen Stift, das Steuerrad, Besteck…

Als Mutter Erde

Eine Frau wird für dein Leben eine große Rolle spielen, eine, die Dinge in die Hand nimmt, voranbringt oder zum Abschluß führt.

Als Vater Himmel

Ein Mann wird in dein Leben treten, der dir eine Aufgabe überträgt oder dich herausfordert, etwas zu vollbringen.

Als Osten

Beginne den Morgen mit einem «Sonnengebet»: Stelle dich gen Osten hin, erhebe dein Haupt zur Sonne, strecke deine Arme mit offenen Handflächen zum Himmel hinauf.

Als Süden

Gehe kraftvoll ans Werk. Was du dir vorgenommen hast, wird gelingen, wenn du mit ganzem Herzen dabei bist.

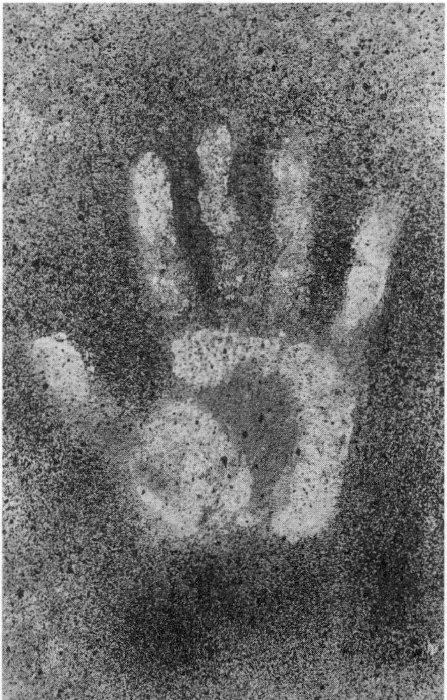

Als Westen

Vollende in Ruhe und Gelassenheit sicher eine Angelegenheit, die du schon lange zum Abschluß bringen wolltest.

Als Norden

Begib dich vor der Nachtruhe in die Gebetshaltung der Muslime: auf dem Boden kauernd, mit dem Kopf nach unten, mit weit nach vorn gestreckten Händen, welche mit den Handflächen die Erde berühren.

Als Medizin

Was im Leben hast du wirklich selbst in der Hand? Wie kannst du in den nächsten vier Wochen besser handeln, wie kannst du Probleme besser handhaben?

Himmelsbrücke

Eine Brücke in die geistige Welt, ein Regenbogen, der aus dem Jenseits kommt und sanft das Diesseits berührt, ein Geschenk der Ahnen, die ihre Gaben durchaus sichtbar und spürbar, aber nicht dinglich greifbar als Lebenshilfe bieten.

Unsere eigene Weisheit wird niemals ausreichen, um den Himmel zu berühren. Deshalb macht es viel Sinn, aus den Erfahrungen der Älteren zu lernen und die Führung eines Schamanen zu suchen, der uns über die Himmelsbrücke nach oben führt.

Als Tageskarte

Welche vielleicht nicht offensichtliche, sondern verborgene Chance bietet das Leben dir heute, um mehr Sinn zu erkennen?

Als Mutter Erde

Welche Frau aus der Geschichte oder Familie ist dir ein Vorbild? Erfahre mehr über ihr Leben, ihre Gefühle, ihre Visionen, ihre Verwirklichung im Alltag, ihr Erbe.

Als Vater Himmel

Welcher Mann aus der Geschichte oder Familie ist dir ein Vorbild? Erfahre mehr über sein Leben, seine Gefühle, seine Visionen, seine Verwirklichung im Alltag, sein Erbe.

Als Osten

Nähre die Kraft der Hoffnung.

Als Süden

Folge dem Ruf der Liebe.

Als Westen

Antworte dem Auftrag der Pflicht.

Als Norden

Suche die Weisheit der Alten.

Als Medizin

Inspiration ist eine Himmelsgabe, die keiner von uns machen oder herbeizwingen kann. Sie geschieht, wenn wir uns einer höheren Führung anvertrauen. Dazu müssen wir jedoch erst bereit sein. Bist du bereit, Führung anzunehmen?

Hirsch-Tanz

Dieser rituelle Tanz stellt eine bewußte Bemühung dar, sich als Teil eines größeren Ganzen zu verstehen, in dem Erde, Pflanzen, Tiere und Menschen zum Überleben aufeinander angewiesen sind.

Stell dich auf deine Umwelt ein, und beginne zu erspüren, was ihre Bedürfnisse sind. Pflege traditionelle Rituale, oder entwickle neue, eigene, um deinen Sinn immer wieder ganz bewußt auf die Einheit des Lebens auszurichten.

Als Tageskarte

Führe heute ein Ritual aus, welches für dich von ganz persönlicher Bedeutung ist – umarme einen Baum, pflanze ein Gewächs, zünde am Altar eine Kerze an, bete…

Als Mutter Erde

Eine Frau in deiner Umgebung will dir auf indirekte Weise eine Botschaft geben. Achte auf Omen und Symbole, die dir ihre Botschaft zeigen und deuten.

Als Vater Himmel

Ein Mann in deinem Umfeld sagt oder macht etwas, hinter dem ein verborgener Sinn für dich steckt. Benutze dein Denken, um das zu erfassen.

Als Osten

Sei wie ein Schilfrohr, das zwar im Winde schwankt, weil es nachgibt, aber dabei doch nicht seinen Ort der Kraft verliert.

Als Süden

Sei wie ein großer Baum, der in der Mittagshitze Lebewesen willkommenen Schatten spendet und zur Ruhe einlädt.

Als Westen

Sei wie ein Haselstrauch, der reife Früchte trägt, die Mensch und Tier zur kräftigenden Nahrung dienen.

Als Norden

Sei wie die Christrose, die mitten im verschneiten Winter erblüht und Licht und Freude schenkt.

Als Medizin

Überwinde Zweifel an der Richtigkeit des eingeschlagenen Wegs, indem du dir deine Visionen und Inspirationen in Erinnerung rufst, die dich auf den Weg gebracht haben. Finde ein angemessenes Ritual, um ihre ursprüngliche Kraft wiederzubeleben.

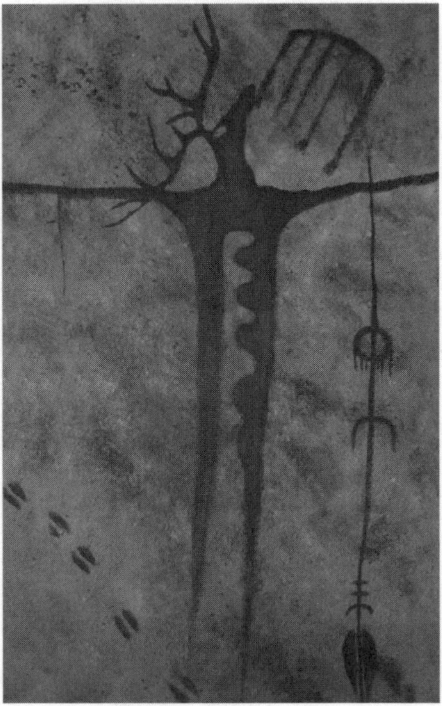

Hirschjäger

Ein Jäger hat sich einen Kopfschmuck mit einem Hirschgeweih angetan. Damit soll der Geist des zu jagenden Hirsches gebeten werden, daß sich der Hirsch erlegen läßt – um so Menschen das Überleben zu ermöglichen.

Zwei Botschaften bringt diese Karte: Alles, was wir erhalten, kommt zu uns als Gabe des Großen Geistes, alles! Und es gibt ein großes Gesetz der Resonanz: Wir müssen uns auf das, was wir erhalten möchten, in der rechten Weise eingestellt haben. «Erfolg ist, was folgt.»

Als Tageskarte

Bereite jetzt den Boden für einen künftigen Erfolg vor. Mach dich auf den Weg. Selbst der kleinste Schritt in die richtige Richtung wird dich dem Ziel näher bringen.

Als Mutter Erde

Hilf einer Frau aus deinem Umfeld, ihr Ziel zu erreichen.

Als Vater Himmel

Hilf einem Mann aus deinem Umfeld, sein Ziel zu erreichen.

Als Osten

Geduld mit Schwächen: Nimm dir Zeit, an dir zu arbeiten. Erwarte keine Wunder, sondern stetige Entwicklung.

Als Süden

Demut vor dem Schicksal: Lerne, Ereignisse im Leben anzunehmen als Geschick – etwas, was dir geschickt wird.

Als Westen

Ehrfurcht vor jedem Lebewesen: Jedes Lebewesen ist auf seine Weise einmalig. Ehre und respektiere das.

Als Norden

Bewunderung für Schönheit: Schütze deine Umwelt und ihre Schätze, bevor sie verschandelt und vergeudet werden.

Als Medizin

Hirsche, Rehe und Antilopen lehren uns Geduld mit Schwächen, Demut vor dem Schicksal, Ehrfurcht gegenüber der Einmaligkeit jedes Lebewesens und Bewunderung für Grazie und Schönheit in der Natur.

Junger Schamane

Ein Schamanen-Lehrling, Unterrichtung in der Kunst des Zaubers und der Medizin. Prozeß der geistigen Reifung, um zu lernen, geheimes Wissen verantwortlich handzuhaben.

Beginn einer spirituellen Ausbildung; die Herausforderung, einen geistigen Weg mit dem Alltag zu verbinden. Prüfungen. Aufforderung, hinter äußeren Hilfsmitteln wie Rassel oder Schlangenmedizin die innere Kraft zu entdecken; Notwendigkeit zur Reinigung.

Als Tageskarte

Reinige dich, lege einen Fasten- oder Obsttag ein, übe eine Tätigkeit bis zum Schwitzen aus, atme tief und lange gute Luft unter freiem Himmel, oder suche heute die Einsamkeit.

Als Mutter Erde

Lege dich eine halbe Stunde lang auf die blanke Erde, in den Sand, auf eine Wiese. Erspüre die Kraft der Erde, die alles trägt und nährt, und den Segen des Himmels, der das Licht des Lebens darauf scheinen läßt.

Als Vater Himmel

Stell dich eine halbe Stunde lang abwechselnd mit Rücken und Bauch an einen großen schönen Baum. Erspüre die Stärke des Himmels, die den Baum nach oben wachsen läßt, und die Kraft der Erde, die ihm feste Wurzeln gibt.

Als Osten

Welcher alte Kindertraum bewegt dich ab und zu? Erfülle ihn dir jetzt, damit du den nächsten Schritt machen kannst.

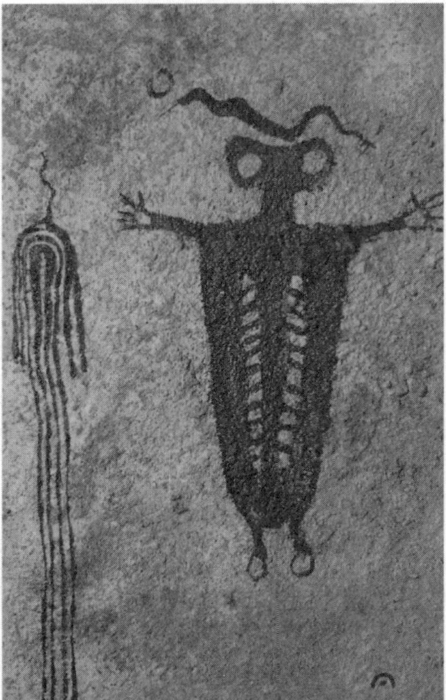

Als Süden

Welche Freude möchtest du einem anderen gerne machen? Zögere jetzt nicht länger, um das auszuführen.

Als Westen

Welchen Dienst erwartet ein Mensch aus deinem Umfeld von dir? Laß ihn nicht länger darauf warten.

Als Norden

Wovor hast du Angst, wenn du ans Alter denkst? Suche Menschen auf, die das jetzt erleben, und sprich mit ihnen.

Als Medizin

Suche nach einem Meister-Schamanen. Sei nicht zufrieden, bis du einen gefunden hast, der das höchste Ziel vorgibt – und dich dabei nicht mit sich selbst, sondern mit dem Glanz und der Musik des Großen Geistes verbindet.

Kachina

Eine Figur, die bestimmte magische Aspekte des Lebens im Diesseits oder im Jenseits verkörpert. Häufig werden Kachinas als Inbilder von Naturgeistern angesehen und angebetet. Sie symbolisieren besondere Kräfte, die man mit ihrer Hilfe aktivieren kann.

Diese Kachina verscheucht mit ihrer Rassel negative Energien. Spüre, welche negativen Energien dich belasten. Öffne dich intuitiv für die rechte Weise, sie aufzulösen – durch Gebet oder Ritual, mit Räucherwerk («smudge stick») oder intensives Naturerleben.

Als Tageskarte

Schau dich zu Hause oder am Arbeitsplatz um: Welcher vielleicht recht alltägliche Gegenstand trägt eine geheime Botschaft für dich, die du bisher noch nicht wahrgenommen hast?

Als Mutter Erde

In welchen Frauen aus deinem Umkreis siehst du die Urbilder von Mutter und Tochter, Großmutter und Freundin? Versuche zu erspüren, welche Qualitäten sie für dich haben.

Als Vater Himmel

Welche Männer in deinem Umfeld wirken für dich wie Vater und Sohn, Großvater und Freund? Versuche zu verstehen, warum du sie so erlebst.

Als Osten

Ein Mensch bringt die eine wichtige Botschaft.

Als Süden

Ein Mensch lädt dich ein, das Leben mit ihm zu genießen.

Als Westen

Ein Mensch hilft dir, über einen Verlust hinwegzukommen oder ein Problem zu lösen.

Als Norden

Ein Mensch taucht auf, von dem du viel lernen kannst.

Als Medizin

Alles kann Magie sein: nicht nur besondere Objekte, sondern sogar Gedanken- und Gefühlsmuster, Glaubenssätze oder Traditionen. Mach einen Monat lang vollkommene Ehrlichkeit dir selbst gegenüber zu deiner persönlichen «Magie». Mach dir Motive bewußt, die dich bewegen, Wünsche, die dich ziehen, Urteile, die dich begrenzen, Kräfte, die dir helfen. Sei wahr zu dir selbst!

Kokopelli

Der legendäre Flötenspieler taucht in vielen Indianer-Geschichten und auf Bilddarstellungen überall zwischen Alaska und Feuerland auf. Er ist so gebückt, weil er einst als fahrender Kaufmann unterwegs war, der seine Waren auf dem Buckel von Dorf zu Dorf trug und mit der Flöte auf sein Kommen aufmerksam machte.

Fruchtbarkeit; ein Bote oder Überbringer von Geschenken kommt zu dir. Sei munter unterwegs auf deinem Weg des Schamanen – trotz schwerer Last des Alltags kann man über die innere Musik den Geist erheben.

Als Tageskarte

Gönne dir heute Zeit, dem Spiel der Flöte zu lauschen – Zamfirs Panflöte oder Mozarts Flötenkonzerten... Spüre, wie die Flöte dich emportragen kann.

Als Mutter Erde

Welchem Lebewesen kannst du heute etwas schenken, wie ein fruchtbeladener Baum Hungrigen Nahrung gibt?

Als Vater Himmel

Lausche vom Lärm der Welt auf die Musik des Lebens, auf das Zwitschern der Vögel, das Glucksen des Bachlaufs, auf den Wind in den Wipfeln der Bäume.

Als Osten

Wandere in den Osten, in das Land, das dir einen neuen Morgen verheißt, in das Versprechen eines neuen Wegs.

Als Süden

Laß dich dorthin treiben, wohin dich dein Herz zieht. Dort, wo Freude und Schönheit sind, ist gut sein.

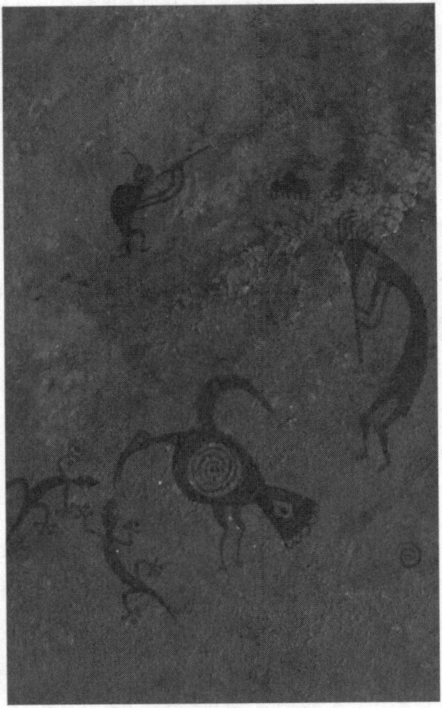

Als Westen

Folge der Sehnsucht nach dem Licht, das nie untergeht. Du findest es in der Musik deiner Seele, im Inneren.

Als Norden

Brich auf in unbekannte Räume, überwinde Ängste vor dem Unbekannten. Wisse, daß dich der Große Geist beschützt.

Als Medizin

Der Kokopelli ist ein Wanderer von Ort zu Ort, ein Wanderer zwischen den Welten und durch dieses merkwürdige Leben. Lebe vier Wochen mit der Bewußtheit, daß auch dein Leben eine Wanderung ist, deren Verlauf von hier zum Horizont, von Mutter Erde zu Vater Himmel führt.

Kolibri

Ein Bote des Regenbogen-Geistes bringt Glanz in unseren Alltag. Der irisierende Schimmer einer zukünftigen Zeit der Leichtigkeit und Beweglichkeit, sogar des Überschwangs.

Unerwartetes Glück im Kleinen, Verheißung einer inspirierten Periode. Beschwingtes Gemütsleben, plötzliches Erleben von scheinbar grundlosen Glücksgefühlen.

Als Tageskarte

Heute passiert überraschend etwas Schönes, das noch lange als heitere Erinnerung weiterleben wird.

Als Mutter Erde

Laß deine Seele baumeln, genieße die kleinen Freuden des Lebens, nimm das, was dich derzeit vielleicht belastet, einfach nicht so schwer.

Als Vater Himmel

In Europa sieht man selten Kolibris. Beobachte statt dessen das fröhliche Flattern von bunten Schmetterlingen, die ebenfalls von Blüte zu Blüte fliegen. Lebe einige Tage so.

Als Osten

Stehe morgen sehr früh auf, erlebe den Sonnenaufgang an einem schönen Ort draußen in der Natur.

Als Süden

Am Mittag suche dir ein sonniges Plätzchen, an dem du das Nichtstun eine Weile aus vollen Zügen genießen kannst.

Als Westen

Geh vor Sonnenuntergang hinaus und sieh, wie sich der Abendhimmel am Horizont verfärbt. Erfreue dich still daran.

Als Norden

Stehe um Mitternacht auf, setz dich in der Dunkelheit ans Fenster, schau in den Nachthimmel und erlebe Frieden.

Als Medizin

Daß wir Leben haben, daß wir auf dieser Erde im menschlichen Körper lernen und wachsen dürfen, daß wir die Verbindung zum Großen Geist bewußt spüren dürfen, ist das größte Geschenk und höchste Glück, das es für uns gibt. Erinnere dich vier Wochen hindurch immer wieder ganz aktiv daran, und mach in dieser Zeit das Beste aus diesem Geschenk.

Kreis der Einheit

Eine weibliche und eine männliche Gestalt, die sich an der Hand halten, symbolisieren die Vermählung von Herz und Seele, Einheit im Großen Geist, mit Vater Himmel und mit Mutter Erde.

Suche und finde den oder die Menschen, denen du deine Hand reichen willst und kannst, um zur Wiederherstellung der ursprünglichen Einheit allen Lebens beizutragen.

Als Tageskarte

Lade einen lieben Menschen zu einer persönlichen Begegnung ein – Spaziergang, Museumsbesuch, Teestunde oder Konzertbesuch.

Als Mutter Erde

Einheit mit Frauen: Was verbindet dich mit allen Frauen? Mach dir mindestens drei Dinge bewußt, und trage sie einige Tage im Herzen. Beobachte, wie sich dein Leben verändert.

Als Vater Himmel

Einheit mit Männern: Was verbindet dich mit allen Männern? Mach dir mindestens drei Dinge bewußt, und trage sie einige Tage im Herzen. Beobachte, wie sich dein Leben verändert.

Als Osten

Einheit mit dem Osten: Welche persönlichen Anknüpfungspunkte hast du zum Osten? Mit wem von dort willst du dich treffen, um Gespräche zu führen, ihn oder sie einzuladen?

Als Süden

Einheit mit dem Süden: Mit welchen Menschen aus dem Süden wirst du demnächst Kontakt aufnehmen und dich austauschen? Wem wirst du dadurch helfen können?

Als Westen

Einheit mit dem Westen: Kennst du Menschen von dort, von denen du mehr wissen möchtest, die dir etwas über ihre Heimat und ihr Leben erzählen können? Suche danach.

Als Norden

Einheit mit dem Norden: Welche Menschen aus dem Norden zählst du zu deinen Bekannten oder Freunden? Was weißt du über das Leben dort? Werde neugierig.

Als Medizin

Denke an die Erde, auf und von der wir alle leben, an die Luft, die wir atmen und die uns alle verbindet (wir atmen ja jene Luft ein, die ein anderer ausgeatmet hat): Wo ist da Raum für Trennung zwischen Menschen? Wir sind eins. Lebe das in der nächsten Zeit ganz bewußt.

Krieger

Eine Schamane mit einem Schild, ein «Jäger in den Himmeln». Das Inbild des Kriegers ist nicht der Mann, der anderen nach dem Leben trachtet, sondern der Mensch, der nach seinem höheren Lebenssinn sucht.

Mach dich bereit zum schwierigsten Kampf im Leben, dem Kampf um Sinn und Erfüllung, um Freiheit von Gefühlsmustern und Vorurteilen. Diese Jagd in unsichtbaren Gefilden bedarf des Schutzschildes des Mutes, der Entschlossenheit, der Beharrlichkeit und der Unabhängigkeit von anderer Menschen Meinungen.

Als Tageskarte

Beobachte diesen Tag über, ob du dich Vorurteilen anderer Menschen einfach unbewußt anschließt oder dein unabhängiges Urteil allzeit bewahrst.

Als Mutter Erde

Auch der Alltag ist eine Art «Guerilla-Krieg» der kleinen Fortschritte zum großen Ziel: Verwirklichung geistiger Ideale unter den Begrenzungen des Erdenlebens.

Als Vater Himmel

Gehe auf den höchsten Kriegspfad: auf die Suche nach Sinn. Dabei mußt du mit deinem Ego kämpfen und auf alles Vergängliche verzichten, um Unvergängliches zu erlangen.

Als Osten

Kämpfe darum, daß dein Bewußtsein allezeit voller Licht ist, das Unwissen vertreibt, so wie die aufgehende Sonne die Dunkelheit der Nacht auflöst.

Als Süden

Kämpfe darum, daß deine Gefühle allezeit voller Freundschaft zu allen Lebewesen sind, so wie die hoch am Himmel stehende Sonne ihr Licht allem Leben spendet.

Als Westen

Kämpfe darum, daß dein Handeln auch dann Bestand hat, wenn einige Zeit verstrichen ist, so wie die Kraft der Sonne die Erde noch weiter wärmt, wenn sie untergegangen ist.

Als Norden

Kämpfe darum, das rechte Allein-Sein zu erlernen, das All-Eins-Sein, ohne dich einsam zu fühlen. Unterweise Menschen, die sich einsam fühlen, im All-Eins-Sein.

Als Medizin

Betrachte dein Leben im nächsten Monat als einen Kampf – einen Kampf um mehr Klarheit und Ruhe, mehr Sicherheit und Kraft, mehr Einsicht und Liebe.

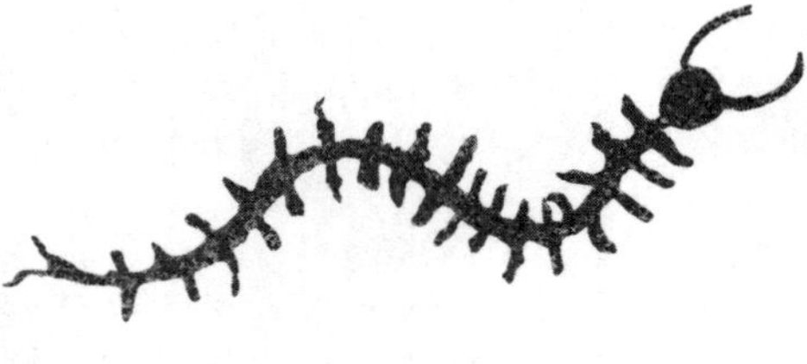

Leiter

Brücke in die unsichtbaren Welten. Auch wenn die Leiter nicht an Hauswänden steht und in die Höhe weist, sondern in die Tiefe eines Kivas führt, führt sie dennoch, geistig betrachtet, immer nach innen bzw. «oben».

Du gewinnst einen neuen Zugang in höhere Dimensionen. Faß den Mut, auf dieser Leiter nach oben zu steigen. Halt dich fest, solange es geht und soweit die Leiter reicht – und dann steig weiter nach oben auf den Stufen deiner spirituellen Verwirklichung.

Als Tageskarte

Kennst du dein Ziel? Kennst du deinen Weg? Falls ja: Welchen kleinen Schritt auf das große Ziel hin kannst du heute unternehmen? Falls nein: Beginne heute mit der Suche.

Als Mutter Erde

Eine Frau begegnet dir, von der du etwas über die nächsten Stufen des Aufstiegs lernen kannst.

Als Vater Himmel

Du triffst einen Mann, der dir etwas über die nächsten Stufen des Aufstiegs vermitteln kann.

Als Osten

Opfere deinem Aufstieg etwas: ein Vorurteil, ein Gedankenmuster, eine fixe Idee. Laß los, gib etwas ab.

Als Süden

Opfere deinem Fortkommen etwas: ein Gefühl, eine Abneigung, eine Vorliebe. Geh auf jemanden liebevoll zu.

Als Westen

Opfere deinem Fortschritt etwas: Schließe eine Handlung ab, ziehe um, ändere die Arbeit. Trage keinem etwas nach.

Als Norden

Opfere deiner Verwandlung etwas: Erprobe eine unbekannte Methode, suche einen Lehrer. Gehe einen neuen Weg.

Als Medizin

Was sind deine «Leitern», um auf dem Weg des Schamanen voranzukommen? Wie steigst du empor über die Oberfläche der Dinge? Das Leben selbst ist die Leiter, tägliche Meditation und täglicher selbstloser Dienst sind die Sprossen, die dich wirklich höher steigen lassen. Steige!

Libelle

Die schmucke Libelle ist ein Anzeichen für nahes Wasser, zu dem wir finden können, wenn wir ihr folgen. Damit ist sie ein Glückssymbol und Glücksbringer.

Achte auf die Omen des Lebens, die in deinem Alltag immer wieder auftauchen und auf Gaben von Mutter Erde und Vater Himmel hinweisen, die dich mit frischer Lebenskraft erfüllen können.

Als Tageskarte

Schenke jemandem etwas – deine Aufmerksamkeit, deine Zuwendung, deine Zeit, deine Liebe... Werde heute selbst zum Glücksbringer.

Als Mutter Erde

Der Große Geist schickt uns immer Hilfen, wenn wir in Not sind oder etwas wirklich bedürfen. Achte auf Omen in der Natur – auf den Flug oder Ruf eines Vogels, die Begegnung mit einem Reh oder Hasen, die Besonderheit eines Baums.

Als Vater Himmel

Omen tauchen nicht immer erdhaft-greifbar im Äußeren auf, sondern durchaus auch in Form von Träumen und Ideen. Nimm in den nächsten Tagen ungewöhnliche Einfälle und Gedankenblitze bewußt wahr, und erspüre ihre Bedeutung.

Als Osten

Trage eine Zeitlang nur ein Schmuckstück oder Amulett aus Indien oder Bali, das dir gefällt. Welche Wirkung spürst du?

Als Süden

Suche einen Ring oder Armreif aus Afrika oder Arabien, der dich anspricht. Beobachte seine Wirkung auf dein Befinden.

Als Westen

Wähle eine Ansteckbrosche oder einen Anhänger aus dem indianischen Südwesten Amerikas. Wie fühlst du dich?

Als Norden

Finde ein Schmuckstück aus Irland, Schottland oder den Ostseeländern. Was merkst du, wenn du nur dieses trägst?

Als Medizin

Die Magie des Glücks liegt vor allem darin, nichts anderes zu wollen als das, was das Leben bringt. Versuche in den nächsten vier Wochen, mit dieser Einstellung zu leben.

Medizinrad

Die vier Himmelsrichtungen Osten, Süden, Westen und Norden; die vier Fähigkeiten der Intuition, des Gefühls, des Instinkts und des Denkens; die vier Elemente Feuer, Wasser, Erde und Luft (bzw. Wind). Das Medizinrad versinnbildlicht damit die Verschiedenheit in der Einheit.

Nimm dir Zeit zu erkennen, wo du stehst, finde deine Ziele, bestimme deine Mittel, sie zu erreichen, und bitte um höhere Einsicht in das, was allen Lebewesen am besten nutzt.

Mit dem Zia-Symbol gehört das Medizinrad zu den stärksten Karten im Schamanen-Orakel.

Als Tageskarte

Heute wird ein schamanistisches Ritual, das du ausführst, den besonderen Segen des Großen Geistes erfahren.

Als Mutter Erde

Betrachte dein gesamtes Lebensumfeld als ein großes Medizinrad. Du stehst in dessen Mitte. Blicke dich um: Welche weibliche Kraft zeigt etwas an, was ungewöhnlich ist, vielleicht auch fremd? Erforsche das.

Als Vater Himmel

Betrachte dein gesamtes Lebensumfeld als ein großes Medizinrad. Du stehst in dessen Mitte. Blicke dich um: Welche männliche Kraft fordert dich dazu heraus, etwas Neues, vielleicht auch Riskantes, zu erfahren. Tue es.

Als Osten

Folgst du den rechten Zielen? Welche Kräfte, Menschen und Situationen sind zielgebend? Wann und wo kommt dein Geist zur Ruhe und erfährt inneren Frieden?

Als Süden

Erhältst du genügend Kraft auf deinem Weg? Welche Energien, Menschen und Situationen sind für dich kraftgebend? Wie erlangt dein Geist die nötige Stärkung?

Als Westen

Kannst du Energien, die dir zufließen, auch halten? Welche Kräfte, Menschen und Ereignisse sind krafthaltend? Wie kannst du deine Sammlung fördern?

Als Norden

Aus welcher Quelle erhältst du Kraft? Welche Energien, Menschen und Situationen vermitteln dir Kraft? Finde die Quelle, aus der du allzeit Kraft empfangen kannst.

Als Medizin

Der Große Geist fordert dich auf, in den nächsten vier Wochen deinen weiteren spirituellen Kurs zu bestimmen und dich für einen Weg zu entscheiden.

Morgen-Segen

Den Tag mit einem Gebet beginnen – mit einem Dank dafür, daß man ihn erleben darf, und einer Bitte, daß man Hilfe und Schutz, Nahrung und Führung erhalten möge. Ein Sinnbild des täglich erneuerten Vertrauens in die schöpferische Kraft und die Güte des Lebens.

Hab Vertrauen, sei dankbar für jeden Tag, gehe auf deinem Weg Schritt für Schritt voran. Der wichtigste Schritt ist immer der, den du jetzt gerade machst, die wichtigste Zeit ist immer der Augenblick, in dem du jetzt lebst.

Als Tageskarte

Widme eine halbe Stunde am Morgen dem Gebet oder der Meditation, und stimme dich darauf ein, jede Minute dieses Tages wach, voll bewußt zu sein.

Als Mutter Erde

Welcher Frau schulde ich besondere Dankbarkeit? Sicher meiner Mutter! Wem noch? Zeige diese Dankbarkeit – auch dann, wenn dieser Mensch schon verstorben ist.

Als Vater Himmel

Welchem Mann schulde ich besondere Dankbarkeit? Sicher meinem Vater! Wem noch? Lehrern, Meistern? Äußere deine Dankbarkeit.

Als Osten

Danke der Sonne, die Licht auf die Erde schickt, so daß wir sehen und erleben können – Farben, Formen, Raum.

Als Süden

Danke der Sonne, die die Erde wärmt – Pflanzen, Tiere und Menschen – und Leben überhaupt erst möglich macht.

Als Westen

Danke der Erde, die Pflanzen gedeihen läßt, die nähren und heilen, kleiden und bauen lassen und so Überleben sichern.

Als Norden

Danke für die Erde, die unseren Füßen einen Halt im Universum gibt und unserem Haupt ein Ruhekissen in der Nacht. Ohne sie könnten wir Leben nicht entfalten.

Als Medizin

Danke in den nächsten Wochen bewußt für alles, was du hast und bekommst: Essen und Trinken, Kleidung, ein Dach über dem Kopf, Familie, Freunde, Kinder, Eltern, ein Verkehrsmittel, einen Arbeitsplatz, Krankenversorgung, Bücher, Gespräche, Musik… Haben wir alles, was notwendend ist? Ist das eigentlich selbstverständlich?

Pferd

Das Pferd ist in der indianischen Welt Amerikas zwar ein Spätankömmling, wurde jedoch schnell nicht nur ins Alltagsleben übernommen (wobei es aus landbauenden Stämmen büffeljagende Nomaden machte), sondern auch in die schamanistische Weltsicht integriert – als Symbol von Unabhängigkeit und Schnelligkeit.

Entdecke deine Welt, indem du dich aller zur Verfügung stehenden Helfer bei deinen geographischen und spirituellen Reisen bedienst, aber achte darauf, deine Helfer nicht zu mißbrauchen, sondern sie zu ehren und zu pflegen.

Als Tageskarte

Brich aus dem Alltagstrott aus, schüttle einen Tag lang das Joch der Routine ab, fühle dich heute frei, mach dich frei…

Als Mutter Erde

Bewege dich durch dieses Erdenleben mit der Behendigkeit eines Wildpferdes, das ausdauernd und genügsam ist und für seine Freiheit alles andere zu opfern bereit ist.

Als Vater Himmel

Fliege durch die Welt des Geistes mit der Kraft des geflügelten Götterpferdes Pegasus, auf dessen Rücken auch der Olymp nicht zu weit ist. Bewußtwerdung befreit.

Als Osten

Bestimme zunächst, daß der «Reiter» Geist das «Pferd» von Körper und Gemüt zügelt und lenkt – und nicht umgekehrt.

Als Süden

Wenn du einen Weg einmal eingeschlagen hast, so folge ihm, ohne laufend anzuhalten und daran zu zweifeln.

Als Westen

Gib deinem Geist die Sporen, sporne ihn an, sich nicht dem Müßiggang zu ergeben, sondern weiter voranzukommen.

Als Norden

Führe dein Pferd an die Tränke, gib also Körper und Gemüt wohlverdiente Ruhepausen, in denen auch der Geist ruht.

Als Medizin

Wenn du schon reitest, reite in diesen Wochen mehr – frei übers Land hinaus, abseits der großen Wege. Wenn Reiten neu für dich ist: Gehe hinaus zu Pferden, beobachte sie, belege einen Reitkurs, spüre, was Pferde bedeuten können.

Regen-Geist

Die Tränen, die aus einem Auge des Regengeistes rinnen, sind Symbol für den Regen, und der ist bei Naturvölkern gleichbedeutend mit lebenspendender Gnade. Göttlicher Eingriff ins Leben bzw. Einwirken aus der geistigen Welt.

Spiritueller Segen; auch Wiedergeburt bzw. geistige Neugeburt. Du darfst auf eine unerwartete Segnung hoffen, die dich auf deinem Weg des Schamanen ein gutes Stück voran bringt. Es fällt dir etwas «wie Schuppen von den Augen».

Als Tageskarte

Eine Begebenheit will dir mehr sagen, als sie, oberflächlich betrachtet, zu bedeuten scheint. Sei heute also besonders achtsam – eine wichtige Einsicht kleidet sich unter Umständen in ein scheinbar nebensächliches Ereignis.

Als Mutter Erde

Erlebe in der nächsten Woche das Wetter, jedes Wetter, ganz bewußt. Spüre den Schein der Sonne, fühle das Naß des Regens, beobachte den Zug der Wolken – und öffne dich für ein neues Gefühl um des Einsseins mit allem.

Als Vater Himmel

Vertiefe dich in der nächsten Woche in Schriften von Schamanen oder Heiligen, Sehern oder Zaddikim, Sufis oder Meistern – und erkenne, daß Selbsterfahrung und Gotterfahrung die höchsten Ziele des Lebens sind.

Als Osten

Im Freundeskreis wird dich jemand sehr bald auf ein Buch hinweisen, daß eine wichtige neue Erkenntnis enthält.

Als Süden

In deiner Familie erlebst du in wenigen Tagen etwas, was euch ein neues Gefühl der Verbundenheit erfahren läßt.

Als Westen

Auf deinem Weg stößt du in der nahen Zukunft auf einen Menschen, der dir eine neue Richtung weist.

Als Norden

In deinem Beruf ergibt sich in den nächsten Tagen eine neue Gelegenheit zu einem Sprung nach vorn.

Als Medizin

Lerne wieder zu weinen – im Hochgefühl des Lebensglücks, im Mitgefühl mit dem Leid anderer, in Dankbarkeit für Hilfe, in Sehnsucht nach dem Einswerden mit dem Großen Geist.

Regenwolken

Schwere Regenwolken verheißen baldige Erneuerung, die Wiederbelebung alter Grundsätze und Werte, aber auch die notwendige Reinigung von all dem, was sich angesammelt hat und unnütz die weitere Entfaltung behindert.

Ein neuer Zyklus der persönlichen Entwicklung beginnt bald; auch Gedeihen deiner Pläne und Vorhaben sowie Erfolg ganz allgemein. Ein sehr gutes Omen für die nahe Zukunft.

Als Tageskarte

Was deinen Sinn heute verdunkeln und betrüben könnte, wird sich bald als großer Segen erweisen.

Als Mutter Erde

Die Erde kann uns nur nähren, wenn wir auch geben, nicht nur nehmen. Pflege die Schöpfung, so gut du es vermagst. Trage Sorge um alle Lebewesen, und zerstöre kein Leben gedankenlos. Dann wird dein ganzes Leben gesegnet sein.

Als Vater Himmel

Wir können die Sonne nur sehen, wenn wir uns ihr zuwenden und unsere Augen zum Himmel erheben. Erhebe deinen Geist jeden Tag zum Großen Geist, wende dich ihm zu – in Gebet oder Ritual, Stillehalten oder Meditation.

Als Osten

Vertraue deiner eigenen Kraft. Du bist stark genug, um die Antwort auf deine Frage in dir selbst zu finden.

Als Süden

Du weißt bereits, worum es geht, scheust aber noch vor einer Entscheidung zurück. Warte noch eine kleine Weile.

Als Westen

Es ist höchste Zeit, daß du nicht länger mehr säumst. Sage, was recht ist, tue, was geboten ist. Es gerät zum Besten.

Als Norden

Ziehe dich zurück, und bitte um mehr Licht, mehr Klarheit. In einem Traum oder einer Vision wirst du die richtige Antwort erhalten.

Als Medizin

Ohne Wolken gibt es in der Regel keinen Regen. Die kostbaren Tropfen fallen meist nicht einfach vom blauen Himmel. Ohne einen Meister-Schamanen gibt es keinen Segen für den Weg. Suche und bitte um solche Begegnung.

Rückkehr

Die Rückkehr des Geistes; Sterben, Tod und das, was im Jenseits weiter geschieht. Darstellungen von Wesen ohne Arme bedeuten im Schamanismus, daß sie sich bereits auf der anderen Seite befinden.

Bereite dich auf die Tatsache vor, daß unser körperliches Leben begrenzt ist, solange du dafür Zeit hast. Wir müssen schon hier unser geistiges Bewußtsein entdecken und es «einüben», wenn wir uns drüben nicht verlieren wollen.

Als Tageskarte

Erinnere dich an einen lieben Menschen, der bereits aus dieser Welt gegangen ist: Was hast du von ihm gelernt? Wie kannst du das heute selbst leben?

Als Mutter Erde

Unser Körper kehrt eines Tages zurück zur Erde, aus deren Elementen er entstanden ist. Gehen wir auf´s Feld hinaus, nehmen wir Krumen des Ackers in beide Hände, fühlen wir unsere ursprüngliche Verbindung zur Erde.

Als Vater Himmel

Unser Geist kehrt eines Tag durch die Himmel zurück zum Großen Einen. Erheben wir unseren Sinn, öffnen wir uns für das Ahnen und Spüren, daß auch hier im Körper etwas lebt, das nicht von dieser Welt ist.

Als Osten

Arbeite mit der Affirmation: «Ich nehme die Kraft der Farbe Gelb in mir auf und strahle sie aus.»

Als Süden

Arbeite mit der Affirmation: «Ich nehme die Kraft der Farbe Rot in mir auf und strahle sie aus.»

Als Westen

Arbeite mit der Affirmation: «Ich nehme die Kraft der Farbe Schwarz in mir auf und strahle sie aus.»

Als Norden

Arbeite mit der Affirmation: «Ich nehme die Kraft der Farbe Weiß in mir auf und strahle sie aus.»

Als Medizin

Das gesamte Leben ist eine Rückkehr des «verlorenen Sohnes» in die Arme des sehnsüchtig wartenden liebenden Vaters. Um zurückkehren zu können, müssen wir die richtige Richtung kennen – und den feinen Ruf des Großen Geistes hören. Werde empfänglich für beides.

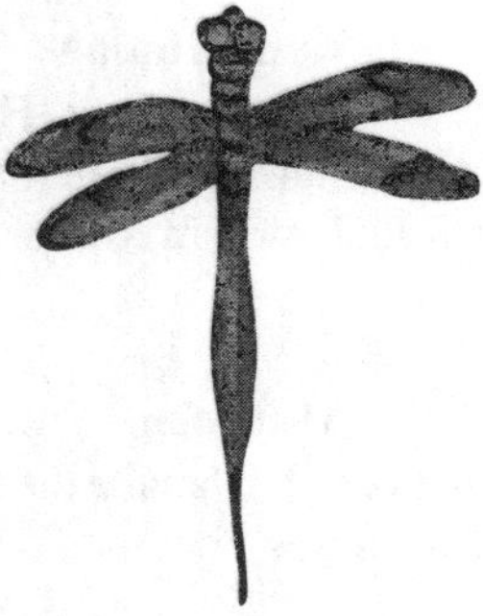

Salamander

Bei Schamanen ein Symbol der Verwandlung, wie schon bei den mittelalterlichen Alchimisten der Salamander ein Inbild der Transmutation von niedrigeren in höhere Stoffe darstellte. Er führt (wie die Libelle) zum Wasser.

Du hast eine besondere Kraft oder Fähigkeit in dir, die du mehr pflegen solltest, um sie als Hilfe zur notwendigen Verwandlung auf dem Pfad zu nutzen. Du gelangst an ein «Wasser» des Lebens, wenn du deine Gestalt änderst, Altes abwirfst und eine neue Form mit Leben erfüllst.

Als Tageskarte

Welche Schwäche könntest du heute in eine Stärke verwandeln? Was kannst du heute loslassen, um danach offen für Mehr und Neues zu sein?

Als Mutter Erde

Die Erde verwandelt unscheinbare schwache Samen in mächtige starke Bäume. Du kannst deine Pläne ebenfalls in Wirklichkeit verwandeln: durch beharrliche Arbeit, sinnvolle Nutzung aller Kräfte und Geduld.

Als Vater Himmel

Der Himmel verwandelt laue Lüfte in tosende Stürme, das numinose Unsichtbare in das wilde Spürbare. Du kannst deine Ideale zur Leidenschaft des Lebens machen, wenn du dich durch eine höhere Kraft inspirieren läßt.

Als Osten

Besorge dir einen Bronze-Buddha, lege einige Blütenblätter um ihn herum, zünde eine Kerze an und meditiere über das, was er in Wahrheit symbolisiert.

Als Süden

Trage einige Tage lang eine Goldkette um den Hals, und laß dich durch sie an deine eigene innerste Natur erinnern: an den strahlenden Glanz der Sonne, den du auch leben sollst.

Als Westen

Nimm einen Kupferreifen oder -nugget, und vergrabe ihn an einem Kraftort, der dich besonders anspricht. Öffne dich für die Liebe – sie wird dir in den nächsten Tagen begegnen.

Als Norden

Beschaffe ein Stück rohes Eisen (in Kristall-Läden), gehe an einen Bach, brenne etwas Räucherwerk ab, bitte um Kraft und wirf das Eisen ins Wasser. Du bekommst sie.

Als Medizin

Trage an einem Tag der Woche einen Salamanderschmuck.

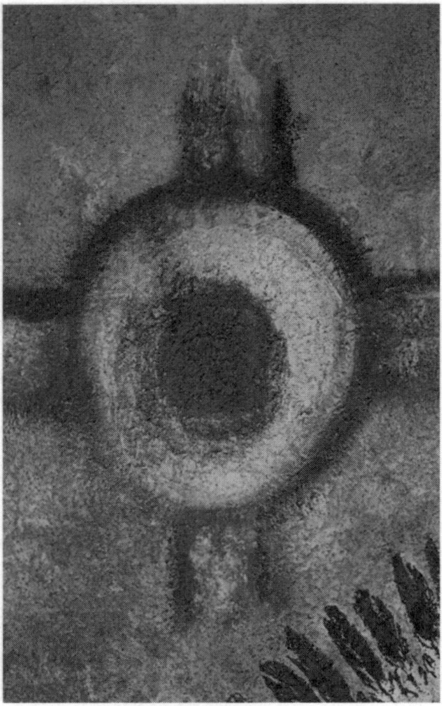

Schild

Schutz, Tradition, altüberlieferte Sitte, heilige Rituale, feierliche Zeremonien; auch zur Abwehr von Angriffen durch magische Kräfte geeignet. Das Schild ist eine Form des Medizinrads, die man überallhin mitnehmen kann!

Nutze das, was dich auf deinem Weg wirklich schützt und was dir wahrhaft nutzt. Laß die Weisheit der Älteren und ihre überlieferten Formen deine Vision weiten und deine Suche beschleunigen.

Als Tageskarte

Der beste Schutz ist Gelassenheit und Vertrauen in den Großen Geist. Atme mehrfach tief und langsam aus. Laß dich in dir selbst nieder. Gib deine Aufgabe nach oben ab.

Als Mutter Erde

Gehe in eine Höhle oder eine tiefe dunkle Schlucht. Spüre, wie gut du dich dort vom Getriebe der Welt zurückziehen kannst und welche Urgewalten du dort fühlst.

Als Vater Himmel

Gehe auf die Spitze eines hohen Berges, der dir eine weite Sicht rundherum erlaubt. Spüre, wie du dem Himmel nahe bist und wie auch deine geistige Sicht der Welt klarer wird.

Als Osten

Stelle dich mehrere Tage lang an einem Totem-Pfahl (oder einen Kraftbaum), mit dem Gesicht nach Osten. Schließe die Augen, und spüre, welche feine Kraft dir zufließt.

Als Süden

Suche in den nächsten Wochen nach Gegenständen, die eine besondere Kraft ausstrahlen, und sammle sie zu einem «Medizinbündel» zusammen. Spüre dessen Schutz.

Als Westen

Wähle ein Sandbild aus, das dich besonders anspricht (notfalls als Druck). Laß es einige Wochen auf dich wirken. Was ist seine geheime Botschaft für dein Leben?

Als Norden

Besorge dir einen «dream catcher», und hänge ihn ins Schlafzimmer. Beobachte in den nächsten Wochen, ob und wie sich deine Träume verändern.

Als Medizin

Besorge dir eine Schamanentrommel, ganz gleich ob aus Afrika, Asien oder Amerika. Trommle – lange, noch länger – einige Wochen hindurch immer wieder. Spüre, wie du Kraft und Selbstvertrauen gewinnst.

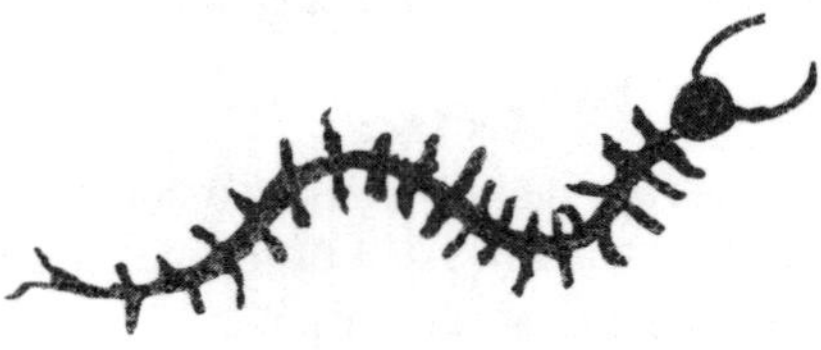

Schildkröte

Die Schildkröte taucht in zahlreichen Schöpfungsmythen indianischer Völker auf, neben dem Coyoten und dem Raben. Sie symbolisiert Schutz, Eigenwille, Genügsamkeit und die Fähigkeit, in zwei Welten zu leben – am Land und im Wasser.

Vertraue deinen eigenen Instinkten, nutze die Ressourcen, die du selbst schon hast, finde dein eigenes Tempo: «Wer langsam zwar, aber beständig auf seinem Weg vorangeht, wird das Ziel sicher erreichen.»

Als Tageskarte

Entwickle Genügsamkeit. Das ist die Fähigkeit, mit allem und jedem zurechtzukommen, was das Leben bringt, ganz gleich, ob es viel oder wenig, fördernd oder hindernd ist.

Als Mutter Erde

Ziehe dich für einige Zeit zurück in deine eigenen vier Wände, verbringe deine freie Zeit bei dir selbst. Finde wieder ganz zu dir zurück.

Als Vater Himmel

Gehe eine gewisse Zeit in ein Kloster oder ein Meditationszentrum, eine Berghütte oder in die Einsamkeit. Spüre hinaus in das All: Welche Kraft wirkt dort und in dir?

Als Osten

Nutze die Gunst der Stunde, um jetzt einen Durchbruch zu erzielen und sicher voranzukommen.

Als Süden

Entscheide dich in der Erkenntnis, daß es absolute Gewißheit über richtig oder falsch gar nicht gibt. Folge deinem Herzen.

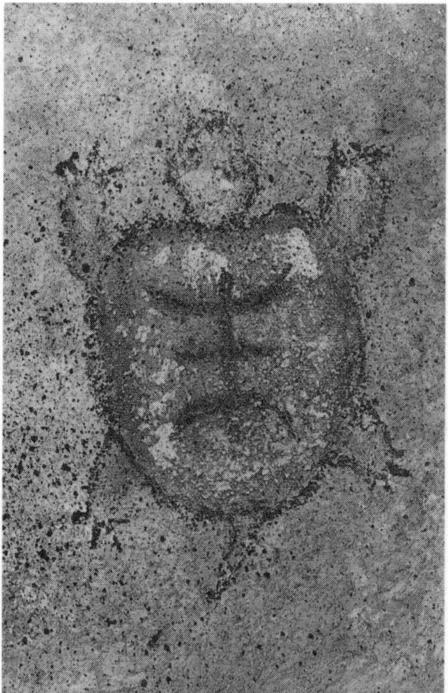

Als Westen

Denke, bevor du handelst. Prüfe, bevor du weitergehst. Überstürze nichts.

Als Norden

Bitte einen alten Menschen in dieser Angelegenheit um ein Gespräch, um seinen oder ihren Rat.

Als Medizin

Übe dich in Geduld. Vertraue dir selbst. Auch, wenn alles gegen dich zu laufen scheint, gerate nicht außer dir, sondern ziehe dich in die Sicherheit deiner Seele zurück, nach innen.

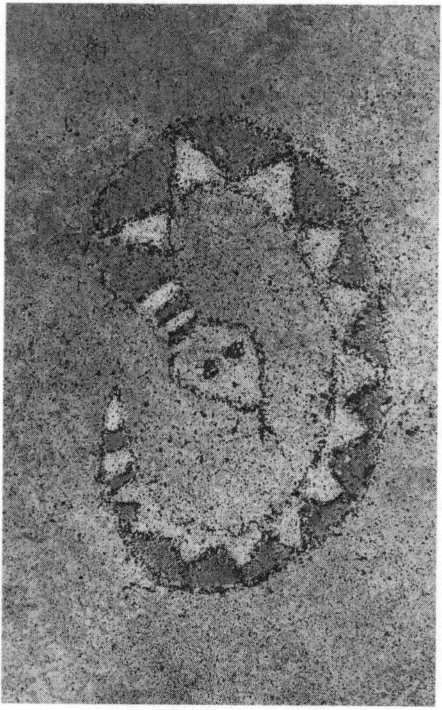

Schlange

Die sprichwörtliche Weisheit und Heilkraft der Schlange, eine Medizin, die schwierig zu erlangen und sehr flüchtig ist, und die man nur schwer auf die rechte Weise handzuhaben lernt.

Nicht Zauberkräfte und magische Beschwörungen, nicht Geistheilungen und andere Wunder sind das Ziel der Schlangenkraft, sondern Loslassen vom Ich, Selbsterkenntnis und die Einsicht, daß nicht der Mensch, sondern der Große Geist der beste «Medizinmann» ist.

Als Tageskarte

Tue heute etwas für deine Gesundheit – auf allen Ebenen, also körperlich und seelisch. Lege einen echten Revitalisierungstag ein.

Als Mutter Erde

Wasser- oder Moorbäder im Freien, notfalls mit Meersalz oder Schlammpackungen, werden alte Schlacken auflösen und fortschwemmen und deine Lebenskräfte wiederbeleben.

Als Vater Himmel

Sonnen- oder Luftbäder, an stillen Orten an der See oder auf den Bergen oder auf einsamen Wiesen geben dir auf natürliche Weise – fast unmerklich – ganz neue Kräfte.

Als Osten

Bergkristall oder Diamant werden dir bei deinen gesundheitlichen oder geistigen Problemen helfen.

Als Süden

Gelber Topas oder Rosenquarz kann deine körperlichen oder seelischen Wunden heilen helfen.

Als Westen

Rauchkristall oder Aquamarin vermitteln dir die notwendige Klarheit über deine Aufgaben.

Als Norden

Lapislazuli oder Granat öffnen den Zugang zur Quelle von Einsicht in spirituelle Ziele und Mitgefühl.

Als Medizin

Von der spirituellen Gesundheit ist alles andere abhängig – sowohl die körperliche Gesundheit wie das emotionale und mentale Gleichgewicht. Halte dich in den nächsten vier Wochen an einen ganzheitlichen Gesundheitsplan.

Schlangen-Geister

Diese machtvollen Geister reisen zwischen der höheren geistigen Welt und der Unterwelt hin und her. Sie haben eine starke Medizin: die Kraft des Blicks in höhere und tiefere Jenseitsreiche.

Verbindung zwischen Himmel und Erde, Licht und Schatten, Überbewußtsein und Unbewußtem: Lerne zu unterscheiden, welcher Weg und welche Taten dich wohin führen. Suche nach dem Licht, das nie vergeht (siehe auch Zia-Karte).

Als Tageskarte

Ohne Stillehalten, ohne Kontemplation oder Meditation, ist kein Einblick in die geistigen Reiche zu gewinnen. Meditiere in den Dämmerstunden zwischen Tag und Nacht.

Als Mutter Erde

Wenn du gar nicht mehr weiter weißt, laß los. Die Erde nährt jedes Lebewesen, ihr Geist lindert auf sanfte Weise jede Not – wenn wir nur loslassen und ihrer Barmherzigkeit vertrauen.

Als Vater Himmel

Alles hat Ursachen, jede einzelne Begebenheit in unserem Leben. Nimm das, was geschieht, geduldig an, und achte darauf, keine neuen schädigenden Ursachen zu säen.

Als Osten

Eine junge Frau bringt dir neue Lebensfreude.

Als Süden

Ein kraftvoller Mann hilft dir bei einer Aufgabe.

Als Westen

Eine ältere Frau teilt etwas von ihrer Weisheit mit dir.

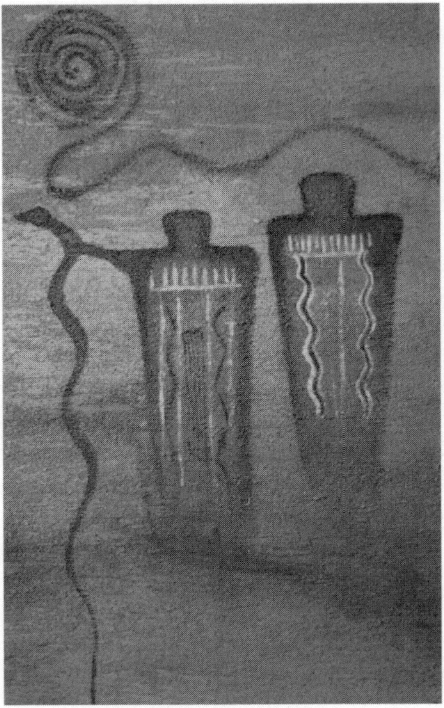

Als Norden

Ein älterer Mann lehrt dich etwas über absichtlose Stille.

Als Medizin

Laß dich nicht von verlockenden Kräften und Verheißungen mancher Geister darüber täuschen, daß dich der Weg des Schamanen letztlich nur dann ans Ziel führt, wenn du magische Kräfte und jenseitige Geister nicht beachtest und nur auf die Führung des Großen Geistes vertraust.

Segen der Erde

Mais ist für die Pueblo-Indianer die heiligste Frucht der Erde. Es war für sie das «Brot des Lebens», das als Speise dient, das auch über die Wintermonate aufbewahrt werden konnte und dessen Fasern sogar noch als Webmaterial dienten.

Erkenne, was für dich die wichtigste Gabe von Mutter Erde ist. Achte darauf, dieses Geschenk in Ehren zu halten und es bis zum letzten kleinen Rest schöpferisch zu nutzen und nicht achtlos wegzuwerfen. Was erhält dein Leben wirklich?

Als Tageskarte

Segne jeden Bissen, den du heute zu dir nimmst, laß dir lange Zeit, um bewußt zu kauen (32 mal!), und danke dabei für die Gaben der Erde.

Als Mutter Erde

Lade eine liebe weibliche Person zu einem wunderschönen und lebensschonenden (also vegetarischen) Essen ein. Genieße das Essen als Ritual.

Als Vater Himmel

Lade einen lieben Mann zu einem gesunden und natürlichen (also vegetarischen) Essen ein. Genieße das Essen als Ritual.

Als Osten

Ernähre dich heute möglichst nur von Nahrung, die gelblich ist – zum Beispiel Aprikosen, Orangen, Kürbis, Ingwer, Walnüsse, Quitten, gelber Mais, Kartoffeln, gelben Linsen.

Als Süden

Nimm heute möglichst nur Speisen zu dir, die rötlich sind – Pfirsiche, Tomaten, rote Beeren, rote Beete, rote Bohnen.

Als Westen

Iß heute möglichst nur schwarze Nahrungsmittel – schwarze Bohnen, Brom-, Heidel- und schwarze Johannisbeeren, Kirschen und Pilze, Schwarzbrot, «blauer Mais».

Als Norden

Laß heute möglichst nur weiße Speisen deine Nahrung sein – zum Beispiel Milch, Yoghurt, Quark, weiße Bohnen, Kokosnuß, Sprossen, Rettich, Blumenkohl, Weißkohl.

Als Medizin

Übe einen Monat lang, wirklich vor jeder Mahlzeit (und sei sie noch so klein) einen Augenblick inne zu halten und für die Gaben der Erde zu danken. Beobachte, ob sich deine Lebenseinstellung nach dieser Zeit verändert hat.

Spirale

Energiesymbol, wie es auch in Form der aufgerollten Kundalinikraft am Wurzelchakra aus Indien bekannt ist (im Reiki wiederentdeckt und ge- bzw. mißbraucht); eine urtümliche Kraft und zugleich eine «Startrampe», um Zugang zu anderen Dimensionen zu gewinnen.

Bewegung und Entwicklung sind die beiden Hauptthemen dieser Karte. Stillstand würde Erstarrung und Tod bedeuten – du mußt also die Kräfte in dir und um dich herum fördern und nutzen, die etwas vorwärts bringen. Lernen und kämpfen, aber auch tanzen heißt Leben!

Als Tageskarte

Hör auf, in einer Angelegenheit im Kreis zu gehen. Klettere statt dessen auf einen Baum (im übertragenen oder im wörtlichen Sinne), und gewinne eine neue Sicht.

Als Mutter Erde

Wenn du einen anderen Menschen wirklich verstehen willst, so gehe eine Woche lang in seiner Lebensspur, in seinen Schuhen. Dann wirst du echtes Verständnis entwickeln.

Als Vater Himmel

Kein Leben entwickelt sich wie ein anderes. Jedes Leben ist voller eigener Ansprüche und Herausforderungen. Urteile nicht über andere, arbeite lieber an dir selbst.

Als Osten

Suche nach einem neuen Ziel, wenn du ein altes erreicht hast. Greife nach den Sternen, nach dem Raum dahinter.

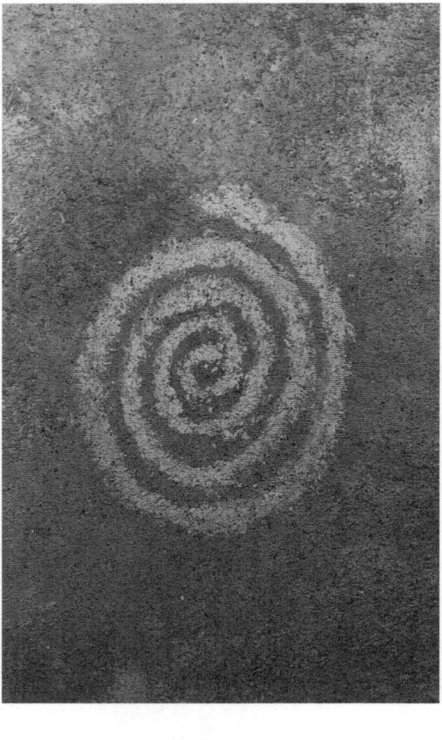

Als Süden

Behalte nicht für dich, was du erreicht hast, sondern teile es mit anderen. Ziele, Kräfte, Fähigkeiten, Kenntnisse…

Als Westen

Sammle Erfahrungen, bevor du anderen hilfst. Eigene Entwicklung ist Voraussetzung für wirksame Nächstenhilfe.

Als Norden

Die Kraft zur Entfaltung für das Innerste und Höchste kommt genau daher. Gehe über Ich, Gefühle und Verstand hinaus.

Als Medizin

Male dir eine Spirale auf, oder besorge dir eine Darstellung, die dich anspricht, und stelle sie zu Hause oder am Arbeitsplatz auf. Blicke in der nächsten Zeit immer wieder bewußt darauf, laß dich zu neuen Deutungen und Assoziationen inspirieren, arbeite mit ihrer Symbolik.

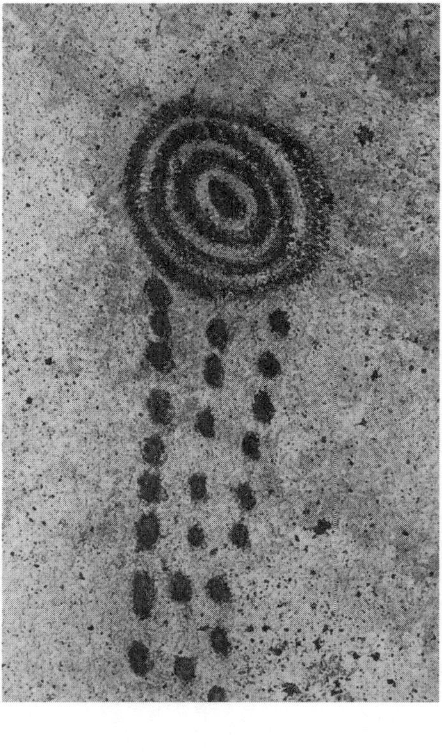

Sternschnuppe

Eine Botschaft der Ahnen, als Komet auch ein Bote des Großen Geistes. Licht, das am Himmel aufleuchtet und nach kurzer Zeit verglüht – das ist die Verheißung unserer Lebensbahn durch diese Welt: Wir sollen wenigstens leuchten!

Stelle heute noch einem älteren Mitmenschen zwei Fragen: Was ist bisher das Wichtigste in deinem Leben gewesen? Und was würdest du einem Jüngeren als Rat auf den Weg geben? Und: Suche nach einem kundigen Reiseführer.

Als Tageskarte

Du erhältst eine unerwartete, gute Nachricht, oder du kannst einem anderen eine solche Nachricht geben.

Als Mutter Erde

So plötzlich, wie Tiere in der Wildnis auftauchen und wieder verschwinden, tauchen Gelegenheiten zum Durchbruch im Leben auf. Sei wachsam, und ergreife Chancen mutig beim Schopfe.

Als Vater Himmel

So rasch, wie ein Blitz vom Himmel hernieder fährt, kann sich auch unser Leben durch einen Umbruch ändern. Sei bereit, auch überraschenden Wegweisungen beherzt zu folgen.

Als Osten

An deinem Arbeitsplatz wirst du etwas Neues entdecken, was dir weiterhilft. Nutze es.

Als Süden

Beim Essen wirst du auf etwas stoßen, das dir ein Licht aufgehen lassen wird. Nimm es wahr.

Als Westen

Im Familienkreis kommst du auf etwas oder erhältst etwas, das dich etwas besser verstehen läßt. Wende es an.

Als Norden

In deinem Schlafzimmer befindet sich ein Gegenstand, der mit einem Traum von dir zu tun hat. Deute ihn.

Als Medizin

Frage einen alten Menschen aus deinem Umfeld, der dich nicht genauer kennt, welchen Rat für´s Leben er/sie dir geben könnte. Folge diesem Rat einen Monat lang, um ihn zu erproben.

Tanz der Einheit

Erinnerung an die ursprüngliche Einheit, die allem zugrunde liegt und die alles miteinander verbindet. Das Leben darf durchaus auch beschwingt erfahren werden: der Schamane «tanzt» voller Leichtigkeit durch alle Herausforderungen.

Eine aktive Bemühung darum, mit anderen Menschen gleichen Sinnes zusammenzuarbeiten und als Gruppe etwas zum Nutzen unserer Heimat Erde zu leisten. Er-innere dich daran, fröhlich zu sein, zu bleiben, zu werden…

Als Tageskarte

Unternimm etwas im Familien- oder Freundeskreis, was euch harmonisch verbindet – gemeinsames Singen, ein ausführlicher Spaziergang, etwas ganz «Alltägliches».

Als Mutter Erde

Geh zur örtlichen Heilsarmee oder zu einer Gruppe wie «Die Tafel», und hilf ihnen einen Tag lang bei der Versorgung der Bedürftigen – finanziell, durch Küchenarbeit oder anders.

Als Vater Himmel

Geh ins Krankenhaus oder Altenheim, und frage, ob du einen Tag lang kleinere Dienste verrichten oder durch Besuche einigen Menschen Licht in den Tag bringen kannst.

Als Osten

Gehe zum Gottesdienst in eine Messe der orthodoxen Kirche. Erlebe die besondere Liturgie und Atmosphäre.

Als Süden

Finde eine Moschee in deiner Nähe, und erfahre die Verehrung Gottes in einem islamischen Gottesdienst.

Als Westen

Nimm an einem Schwitzhüttenritual oder einer Medizinrad-Zeremonie teil – oder organisiere sie selbst.

Als Norden

Suche einen tibetischen Tempel auf, und werde Zeuge der Rituale dieser Form des Buddhismus.

Als Medizin

Nimm in der nächsten Zeit an mindestens drei Festen, Tanzveranstaltungen, Liederabenden oder anderen Anlässen teil, die aus anderen Kulturen stammen als deiner eigenen. Öffne dich für die Vielfalt, Freude zu leben.

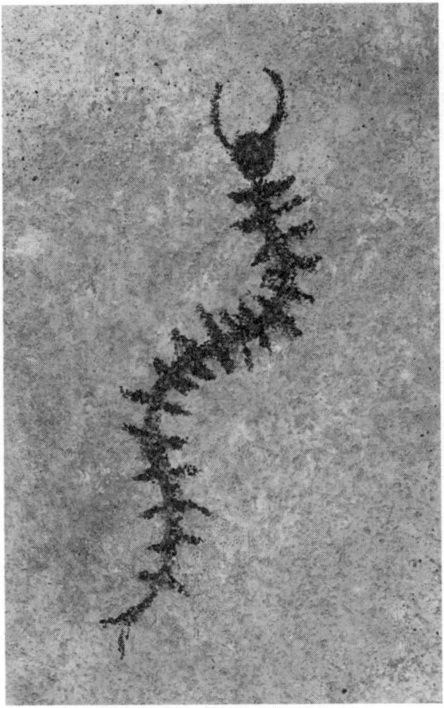

Tausendfüßler

Geschwinde Energie, die viele Menschen unwillkürlich zurückzucken läßt; besondere Kräfte der Beweglichkeit. Im übertragenen Sinne eine magische Leiter oder Brücke hinab in die «Unterwelt»; Tod und Transformation.

Herausforderung durch den Schatten: Du mußt dich mit dem Thema einer ernsthaften und tiefgreifenden Transformation der Persönlichkeitskräfte auseinandersetzen. Entdecke das, was auch dann noch besteht, wenn der Körper zerfällt.

Als Tageskarte

Sieh dir heute die Todesanzeigen in der Zeitung an, schaue, wie alt oder jung die Menschen von dieser Erde gegangen sind, lies die Sinnsprüche der Verstorbenen…

Als Mutter Erde

Welchen Schatten birgt das Weibliche für dich? Welche Ängste verbindest du mit der Anima, mit der Urkraft des Yin? Nimm diesen Schatten in dir auf, um ihn aufzulösen.

Als Vater Himmel

Welchen Schatten birgt das Männliche für dich? Welche Ängste verbindest du mit dem Animus, mit der Urkraft des Yang? Gehe in diesen Schatten hinein, um ihn aufzulösen.

Als Osten

Verweile in Meditation mit dem Gedanken: Die aufgehende Sonne löst mein Leben auf. Dies ist das letzte Morgenrot, das ich auf dieser Erde sehen werde. Wie ist dir zumute?

Als Süden

Überlege einige Zeit ganz offen: Was würde es für mich bedeuten, wenn ich alles, was ich auf der Erde erlebe, jetzt loslassen müßte? Was verändert das für dich?

Als Westen

Folge mit deinem Blick der untergehenden Sonne. Spüre dabei, wie du dich bereitmachst, auch eines Tages hier unterzugehen, um woanders aufzugehen. Was fühlst du?

Als Norden

Wenn du mit geschlossenen Augen in tiefster Nacht still und starr wie im Dunkel des Grabes liegst und dabei aber hellwach bleibst: Siehst du vor der Stirn das Licht der ewigen Sonne?

Als Medizin

Lebe eine Monat so, als ob jeder Tag dein letzter wäre… Wie würdest du handeln, was würdest du sagen, wie würdest du fühlen…?

Tierspuren

Die Fährten von Tieren zeigen an, daß es Leben rund um uns herum gibt. Oft genug werden solche Spuren übersehen oder falsch zugeordnet.

Im Schamanen-Orakel heißt diese Karte: Folge deinem Weg, achte genau darauf, wohin du deine Schritte lenkst. Wenn du einem Lehrer folgst, erkenne, prüfe, welchem geistigen Pfad er folgt und ob er dich wirklich an das Ziel führen kann, das du als höchstes für dich erachtest.

Als Tageskarte

Welcher Spur folgst du heute? In welche Richtung lenkst du deine Schritte? Welche Kraft bewegt dich vorwärts? Denke darüber nach, und entscheide dich dann.

Als Mutter Erde

Was lehnst du an deiner Mutter (noch immer) ab? Sieh es als ihren Weg an, der für sie richtig war. Was hast du von deiner Mutter gelernt? Wende es an, folge ihren Spuren.

Als Vater Himmel

Was lehnst du an deinem Vater (noch immer) ab? Sieh es als den Weg an, der für ihn richtig war. Was hast du von deinem Vater gelernt? Wende es an, folge seinen Spuren.

Als Osten

Es gibt viele Wege zum Ziel. Blicke dorthin, wo deine Sonne aufgeht, finde zuerst dein Ziel, dann wirst du schon deine eigene Spur ziehen.

Als Süden

Wohin zieht dich dein Herz. Folge diesem feinen Sehnen, auch wenn das manche Umwege mit sich bringen mag.

Als Westen

Schaue die untergehende Sonne. Welche Verheißung wartet am glühenden Horizont? Brich auf ins Ungewisse.

Als Norden

Blicke hinauf zum Polarstern. Nicht alle Spuren weisen nach vorne oder hinten, links oder rechts, manche Wege führen nach oben oder innen. Was führt dich dorthin?

Als Medizin

Spuren entstehen, indem man sich auf den Weg macht. Wege entstehen, wenn man häufiger derselben Spur folgt. Lerne in diesem Monat zu unterscheiden, welche Wege ausgetreten sind und dich abstumpfen und welche neuen Wege du im Dickicht des Lebens ausprobieren kannst.

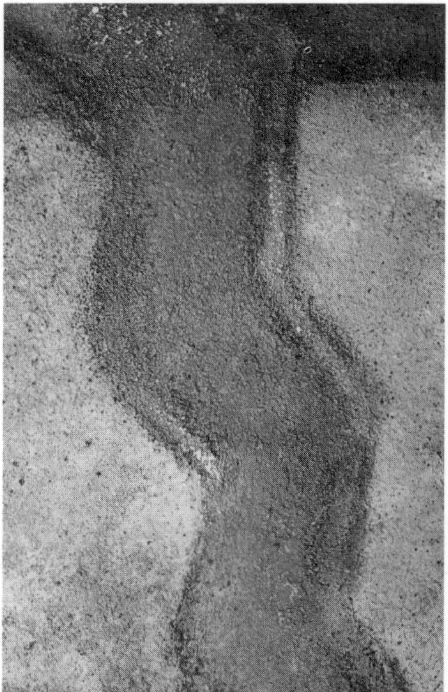

Wasser

Ein Strom oder Fluß, ein See oder Teich, ein Wasserfall oder Bach: Sie alle verheißen Leben und Fruchtbarkeit. Wasser ist ein Geschenk von Mutter Erde, um ihre Kinder am Leben zu erhalten; es soll erfrischen und klären.

Tauche ein in die Fluten der Reinigung und Regeneration. Durch die Prüfungen auf deinem Weg, weiche ihnen nicht aus. Deine Fähigkeiten und Gaben sollen anderen Lebewesen zum Nutzen gereichen.

Als Tageskarte

Nimm ein Bad mit Apfelessig und Honig, oder mit Meersalz, gehe in die Sauna oder ins Dampfbad, in einen See zum Schwimmen oder ins Meer.

Als Mutter Erde

Ohne Wasser kein Leben, der Körper besteht vor allem aus Wasser. Mit Pflanzen, die vor allem aus Wasser bestehen, wird der Körper gut genährt und der Geist wenig belastet.

Als Vater Himmel

Wasser ist Teil des großen Kreislaufs zwischen Erde und Himmel, zwischen Quelle und Strom und Meer und Regenwolken. Denke bei Prüfungen und Problemen daran, daß sie als eine Form von Segen «von oben» kommen.

Als Osten

Morgentau ist eine besonders kostbare Form von Wasser. Koste am frühen Morgen, bei den ersten Sonnenstrahlen, einige Tropfen dieses herrlichen Nasses von den Blüten.

Als Süden

Nutze das Wasser in der Form des heißen Wasserdampfes, in Pflanzen oder ätherischen Ölen, als Mittel zur inneren Reinigung, das uns «aufschließt».

Als Westen

Tupfe deine Schläfen mit dem Abendtau von Gräsern und Blättern ab. Genieße die milde Kühle und den Frieden, den er dir schenken kann.

Als Norden

Nur als Eis wird Wasser unbeweglich. Wenn Fühlen vereist, wenn Dankbarkeit für das Leben erkaltet, ziehen wir uns zusammen und verlieren den Kontakt zum Großen Geist.

Als Medizin

Sei fließend, sei offen, schwemme aus, was nicht förderlich ist, löse auf, was zu stark ist, trage weiter, was sich lohnt.

Zia

Dieses eigenartige Wort bedeutet für die Schamanen des Südwestens «Freundschaft» und «Einheit der Kulturen», aber auch «Ojo de Dios» – Auge Gottes. Ein ähnliches Wort gibt es im Islam – dort bedeutet es «inneres Licht». Das Zia-Symbol steht im Mittelpunkt der Fahne von New Mexico.

Das Zia ist eine Art des Medizinrads, und auch hier handelt es sich darum, daß du dich entscheidest, welchen Weg du einschlagen und welche Mittel du wählen willst. Außerdem weist dich diese Karte darauf hin, das innere Licht durch Meditation am «dritten Auge» zu entdecken und dich von diesem Licht in die geistigen Ebenen erheben zu lassen (siehe «Kraft der Seele», Buchhinweise!).

Mit dem Medizinrad gehört das Zia-Symbol zu den stärksten Karten im Schamanen-Orakel.

Als Tageskarte

Schließe die Augen, schaue in die Mitte vor der Stirn, in das Dunkel hinein, wiederhole mental einen Namen Gottes – und finde allmählich das Licht im Inneren.

Als Mutter Erde

Schenke einem weiblichen Wesen ein Leuchten in den Augen, ein Strahlen im Herzen.

Als Vater Himmel

Gib einem männlichen Wesen Selbstvertrauen, Entschlossenheit und Kraft.

Als Osten

Mit dem Aufgehen der Sonne erblüht eine neue Liebe in dir. Umzug, neue Arbeit, Neubeginn in einer Beziehung; allgemein neue Hoffnung.

Als Süden

Mit dem Sonnenhöchststand erreicht eine Liebe ihren Höhepunkt. Vorhaben gelingen, eine Arbeit kommt zum Erfolg, eine Beziehung erfüllt; allgemeiner Aufschwung.

Als Westen

Mit der Abendsonne entwickelt sich die Vertiefung einer Liebe, die bereits besteht. Pläne kommen zum Abschluß, eine Arbeit wird vollendet, eine Beziehung vervollkommnet; allgemein eine Zeit der Ernte.

Als Norden

Mit der Nacht wird eine Liebe geprüft, die längere Zeit dauert. Projekte werden angezweifelt, eine Arbeit kommt zum Stillstand, eine Beziehung muß Konflikte überstehen; allgemein eine Phase der Bewährung.

Als Medizin

Suche die Stille im Lärm der Welt, finde jeden Tag im nächsten Monat Zeit zur stillen Meditation, richte deine Aufmerksamkeit auf das innerste Wesen.

«Ich bin ein Adler . . .»

Auslegung und Befragung des Schamanen-Orakels

Ich bin ein Adler.
Die kleine Welt lacht über meine Taten.
Aber der große Himmel behält
meine Gedanken der Unsterblichkeit für sich.

Lied aus dem Taos Pueblo

Es liegt an uns, wie wir mit dem Schamanen-Orakel umgehen. Welche Gefühle und Gedanken hegen wir, wenn wir sie befragen? Lassen wir die kleine Welt ruhig über unsere Beschäftigung mit diesen Bildern lächeln – solange wir adlergleich in anderen geistigen Regionen unsere Kreise ziehen, werden wir Aufschluß und Nutzen erhalten, der den Augen von Menschen unsichtbar bleiben wird, die sich nur um die Verfügbarkeit von Materie und um die Logik des Intellekts kümmern. Diese Bilder sprechen direkt zur Seele.

In der Praxis kannst du die Karten ähnlich wie Tarotkarten einsetzen. Auf jeden Fall solltest du dir genug Zeit für eine Befragung, Auslegung und Deutung nehmen. Jede/r Suchende mag seine/ihre individuelle kleine Zeremonie durchführen oder ein eigenes Ritual entwickeln.

Es wäre gut, einige Male an der frischen Luft (notfalls am Fenster oder auf dem Balkon) tief durchzuatmen und sich bereits jetzt auf die Frage einzustellen.

Am günstigsten ist es, immer nur eine Frage zu einer Zeit zu stellen. Je genauer du sie formulierst, desto deutlicher wirst du die Antwort verstehen.

Eine Decke, ein Tuch oder ein Fell können als Unterlage für die Karten dienen. Vielleicht brennst du wilden Salbei oder einen *Smudge Stick* an. Oder du entschließt dich, die Befragung draußen, in der Natur, unter freiem Himmel durchzuführen.

Welche Fragen soll oder kann man stellen? Jede, die dir wirklich wichtig ist. Es kann um «kleine» oder «große» Dinge gehen. Dafür gibt es verschiedene Auslegungsarten. Am aussagekräftigsten ist das Schamanen-Orakel jedoch bei Fragen, die etwas mit der Richtung des Lebens, mit höheren Zielen, mit der Meisterung großer Herausforderungen und mit Sinnfindung zu tun haben. Vielleicht schreibst du die Frage sogar auf, um dich noch besser sammeln zu können.

Setz dich dann hin, mische die Karten bedächtig – es gibt keinen Grund zur Eile – und denke an deine Frage.

Wenn du innerlich spürst, daß jetzt die richtige Zeit zur Auslegung gekommen ist, legst du die gemischten Karten vor dich hin. Sie können im Kreis aufgefächert werden wie im Medizinrad. Du kannst aber auch andere Formen finden.

Dann ziehe nacheinander die einzelnen Karten für die jeweiligen Positionen der gewählten Auslegung, und lege sie mit dem Rücken nach oben ab.

Nimm die restlichen Karten zusammen, mach dich bereit, daß der Große Geist durch das Schamanen-Orakel zu dir spricht, und drehe die gezogenen Karten nacheinander langsam um. Und dann begegne dir selbst!

1 Tageskarte – 1 Karte

Ziehe eine Karte für den Tag. Welche Kraft, welches Symbol, welches Tier, welches Bild ist heute für dich wichtig? Diese Auslegung gilt nur für den jeweiligen Tag.

Fragebeispiele

1. Worauf sollte ich heute besonders achten?
2. Welche Gabe kann ich heute sinnvoll einsetzen?
3. Was ist mein Lernschritt für heute?

Mutter Erde-Vater Himmel – 2 Karten

Ziehe zwei Karten. Die erste steht für Mutter Erde, die zweite für Vater Himmel. «Mutter Erde» zeigt uns unsere weltlichen Aufgaben an, «Vater Himmel» unsere geistigen Ziele. Die beiden Karten symbolisieren auch Yin und Yang, weibliche und männliche Energien, Anima und Animus, die sichtbare Schöpfung (Mutter Erde) und den unsichtbaren Schöpfungsgeist (Vater Himmel) sowie alle weiteren Polaritäten oder Dualitäten, mit denen wir es im Leben zu tun haben. Diese Auslegung gilt zwei Tage, zwei Wochen oder höchstens zwei Monate.

Fragebeispiele

1. Was muß ich jetzt leisten oder lösen?
2. Wonach sollte ich als Nahziel streben?

1. Welcher weiblichen Seite sollte ich mehr Raum geben?
2. Welche männliche Kraft sollte ich besser entwickeln?

1. Welche Gabe will Mutter Erde mir schenken?
2. Welche Einsicht will Vater Himmel mir vermitteln?

Bei Partnerschaftsfragen ist diese Auslegung ebenfalls besonders geeignet, weil die unterschiedlichen Ansichten, Einstellungen und Verhaltensweisen von zwei Menschen darin klar zum Ausdruck kommen. Es ist bei diesen Karten offensichtlich, daß es sich dabei in der Regel nicht um Gegensätze handelt, sondern einfach um andere Schwerpunkte (Ausnahme: Die Karten «Wasser» und «Feuer»).

Fragebeispiele zum Thema Partnerschaft

1. Was ist für die Frau in der Partnerschaft wichtig?
2. Was ist für den Mann in der Partnerschaft wichtig?

1. Welche Rolle spielt die Frau in der Beziehung?
2. Welche Rolle spielt der Mann in der Beziehung?

1. Was erwartet die Frau vom Mann?
2. Was erwartet der Mann von der Frau?

Zeitverlauf – 3 Karten

Ziehe drei Karten. Die erste symbolisiert die Vergangenheit, die zweite die Gegenwart und die dritte die Zukunft. «Vergangenheit» bedeutet die Zeit vor einigen Tagen oder Wochen, höchstens vor ein bis drei Monaten. «Gegenwart» bezeichnet heute oder einen dieser Tage oder die laufende Woche, und «Zukunft» weist auf die kommenden Tage oder Wochen hin, höchstens auf die nächsten ein bis drei Monate.

Fragebeispiele

1. Welche ungelöste Aufgabe aus der Vergangenheit ist für mich jetzt noch von Bedeutung?
2. Welche Aufgabe stellt sich mir in dieser Gegenwart?
3. Auf welche neue Aufgabe in der näheren Zukunft soll ich mich schon jetzt einstellen?

1. Welche Botschaften senden mir meine verstorbenen Ahnen aus der geistigen Welt?
2. Welche Botschaften sendet mir die Erde jetzt?

3. Welche Botschaften vom Großen Geist warten auf mich in der nächsten Zeit?

1. Welchen alten Weg muß ich noch einmal gehen?
2. Wie gehe ich meinen jetzigen Weg am besten?
3. Wo finde ich einen neuen Weg?

Das Medizinrad – 4 Karten

Ziehe vier Karten. Die erste bezeichnet den Osten, die zweite den Süden, die dritte den Westen und die vierte den Norden. Diese Auslegung deutet auf Orte der Kraft hin und/oder die angemessenen Kräfte, die in bestimmten Verhaltensweisen im Leben der fragenden Person jetzt zur Geltung gebracht werden sollen. Die Auslegung gilt für vier Wochen oder vier Monate.

Bedeutung der Kartenpositionen

1. Osten:	Feuer, Geist, Intuition – Sonne, gelb, Zielgebung
2. Süden:	Wasser, Gemüt, Gefühl – Pflanzen, rot, Kraft gebend
3. Westen:	Erde (als Element), Erfahrung, Instinkt – Erde (als Planet), schwarz, Kraft haltend
4. Norden:	Wind (Luft), Verstand, Denken – Tiere, weiß, Kraft empfangend

(Wo wäre der Mensch zu finden? Der bewußte Mensch ist in der Mitte des Medizinrads zu Hause, der unbewußte würde sich wohl im Tierreich am wohlsten fühlen.)

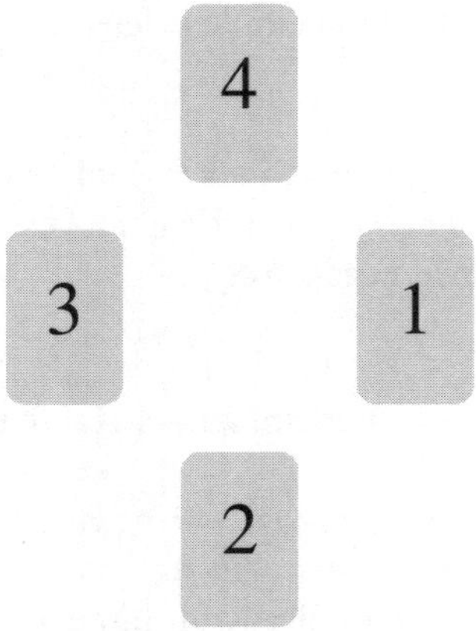

Fragebeispiele

1. Welche Medizin kann dem Geist neue Flügel schenken?
   Diese Karte weist auf die Kraft sinnvoller Ziele.
2. Welche Medizin kann Gemütsblockaden auflösen?
   Diese Karte weist auf die Kraft konstruktiver Gefühle.
3. Welche Medizin kann mein Handeln fördern?
   Diese Karte weist auf die Kraft hilfreicher Erfahrungen.
4. Welche Medizin kann mein Denken klarer machen?
   Diese Karte weist auf die Kraft ganzheitlicher Vernunft.

1. Wie kann ich meine Intuition stärken?
2. Wie kann ich meine Gefühle vertiefen?
3. Wie kann ich im Handeln selbstloser werden?
4. Wie kann ich im Denken erdverbundener werden?

Man kann das Medizinrad auch rein geographisch nutzen und sich überlegen, welche Aktivitäten oder Erfahrungen mit den Himmelsrichtungen verbunden sein können – von einem gegebenen Punkt aus wie Wohnung oder Haus, Heimat oder Geburtsort.

1. Was verheißt der Osten?
2. Was möchte der Süden?
3. Was fordert der Westen?
4. Was denkt der Norden?

Vision Quest – 7 Karten

Visions Quest – das ist die geistige Suche, die mit ganzer Intentionalität und doch ohne Garantien, die mit voller Aufmerksamkeit, aber ohne jede bestimmte Erwartung unternommen wird. Das «Gelingen» ist eine Gabe des Großen Geistes; «Erfolg» kann nicht «gemacht» werden.

Diese Auslegung verbindet das Motiv von Mutter Erde/Vater Himmel mit dem Motiv des Medizinrads und dem Hinweis auf ein besonderes Bild und einen ganz eigenen Ort der Kraft sowie auf eine sehr persönliche Medizin. Die ersten beiden Karten werden für Mutter Erde und Vater Himmel gezogen, sie kommen in die Mitte. Die nächsten vier Karten kommen auf die vier Orte des Medizinrads, angefangen von Osten über Süden und Westen zum Norden. Die letzte Karte symbolisiert die persönliche Medizin. Die Auslegung gilt für sieben Wochen oder sieben Monate.

Bedeutung der Kartenpositionen

1. Mutter Erde
2. Vater Himmel
3. Osten
4. Süden
5. Westen
6. Norden
7. Medizin, auch der eigentliche Kern der Frage und zugleich «Ergebniskarte»

Fragebeispiel

1. Was kann ich von Mutter Erde lernen?
   Was soll ich Mutter Erde geben?

2. Was kann ich von Vater Himmel lernen?
   Was soll ich Vater Himmel geben?
3. Wie finde ich ein geistiges Ziel, das mich vorwärts zieht?
   Frühling, Keimen, Anfang, Leben, Aufbruch
4. Welche Freude für andere kann durch mich erblühen?
   Sommer, Blühen, Fülle, Sinnlichkeit, Festigung
5. Welche Arbeit kann ich für andere Menschen leisten?
   Herbst, Ernte, Ausgleich, Behaglichkeit, Erfüllung
6. Wie lerne ich, vom Unwesentlichen loszulassen?
   Winter, Vergehen, Abschied, Tod, Veränderung
7. Welche Medizin schickt mir der Große Geist?

Offene Ziehung

Orakel werden traditionell «verdeckt» befragt. Die Karten liegen also bei der Auswahl oder Ziehung mit dem Kartenrücken nach oben. Damit soll die Kraft des Unbewußten voll zur Geltung kommen, die uns im Zusammenspiel mit dem Gesetz der Gleichzeitigkeit (Synchronizitätsgesetz) jene Karte/n wählen läßt, die der Frage am besten entsprechen.

Sowohl bei bestimmten Fragen nach Wegen zur Bewußtwerdung als auch in therapeutischen Situationen hat es sich jedoch als günstig erwiesen, die Karten mit der Bildseite offen nach oben vor sich hin zu legen und dann auszuwählen. Warum? Weil unsere Aufmerksamkeit über das Auge zu den Bildern wandert, die uns auf eine besondere Weise anziehen. Auf diese Weise wird auch unser Tagesbewußtsein noch mehr mit eingeschaltet.

Das hilft manchen Menschen in manchen Situationen mehr als die verdeckte Ziehung. Vor allem auch dann, wenn Fragesteller/innen die Beschäftigung mit Bildkarten sonst als «Spökenkiekerei» oder «esoterisch-okkulten Aberglauben» betrachten würden.

Bei der offenen Auslegung könnten jeweils drei Karten für folgende Positionen bewußt ausgesucht werden, nachdem man alle Bilder in Ruhe studiert hat:

1. Diese Karte beschreibt meine jetzige Situation am besten.
2. Diese Karte stellt mein derzeit größtes Problem dar.
3. Diese Karte weist auf die beste Hilfe oder Lösung hin.

Oder:

1. Zu dieser Karte fühle ich mich am meisten hingezogen.
2. Von dieser Karte fühle ich mich meisten abgestoßen.
3. Diese Karte vermittelt mir ein Gefühl der Ausgewogenheit.

Danach wird man die im Buch angegebenen Deutungshinweise lesen und sich selbst oder im Gespräch mit Beratern oder Therapeuten die Gründe überlegen, warum man diese oder jene Karte ausgewählt hat, wie man die eigenen Kräfte noch besser nutzen und Störfaktoren oder Blockaden auflösen kann. (Für Sitzungen und Seminare mit dem Autor siehe Adressenhinweis im Anhang.)

Die großen Winde

Manchmal versenke ich mich in Selbstmitleid,
und doch werde ich von großen Winden
ständig weitergetragen durch den Himmel…

Lied der Ojibwa

Während unserer Reise über die Mutter Erde versinken wir Zweibeiner bisweilen in Selbstmitleid oder Dumpfheit. In den «entwickelten» Ländern noch häufiger als in der sogenannten Dritten Welt. Wieviele Menschen rings um uns herum sind davon betroffen? Sind wir selbst es auch immer wieder?

Schauen wir uns um: In wievielen Gesichtern leuchtet am Tag das helle Licht der Sonne? Über wievielen Gesichtern liegt in der Nacht der milde Glanz des Mondes? Aus wievielen Augen scheint der Große Geist, wie viele Menschen sehen in allen Lebewesen den Großen Geist?

Wieviele Menschen haben die Stärke des Bären, die Weisheit des Raben, die Botschaft des Büffels, die Grazie des Rehs, die Geschicklichkeit des Coyoten, den Mut des Wolfes, die Fülle der Prärie, die Stille des Waldes, die Tiefe der Erde, die Höhe des Himmels?

Wieviele Menschen leben in liebevoller Erinnerung an ihre Ahnen, in tätiger Zuwendung zu den Lebenden und in Ehrfurcht vor dem Großen Geist? Haben wir fast alles vergessen? Haben wir unser Erbe verloren?

Selbst wenn wir zeitweise in Selbstmitleid versinken, tragen uns die großen Winde auf unserem Weg durch dieses Leben doch immer weiter voran… Erinnern wir uns: Wir alle lebten schon lange bevor uns Mutter Erde einen kleinen Körper gab, der an ihrer Brust genährt wurde und zu einem größeren heranwuchs. Und wir werden noch lange weiter sein, nachdem wir Mutter Erde diesen inzwischen alten Körper zurückgegeben haben und in die geistige Welt hinübergewechselt sind. Der große Geist kannte uns, als wir noch bei Vater Himmel waren, und er wartet darauf, daß wir am Ende unseres Wegs wieder bei ihm ankommen.

Wie können wir Selbstmitleid abstreifen? Wie können wir das Erbe unserer Ahnen antreten und erhalten? Wie können wir unseren Auftrag erkennen und erfüllen? Wie können wir den Weg des Schamanen gehen und verwirklichen?

Indem wir Verantwortung annehmen! Indem wir mit Kopf, Herz und Bauch, mit Intuition, Verstand und Instinkt, mit Denken, Fühlen und Spüren uns ganz darauf einlassen, daß es nur einen einzigen Menschen gibt, der unser Leben führen kann: wir selbst!

Der Weg des Schamanen bedeutet seinem innersten Wesen nach, Vertrauen in den Großen Geist zu setzen, daß er uns mit seinen Winden vorwärtsträgt, sobald wir uns nur entschlossen haben, auf dem Weg voranzugehen und die ersten, vielleicht noch sehr zögernden Schritte selbst versucht haben und wenn wir noch so unvollkommen sind und noch so häufig stolpern, fallen oder vorübergehend sogar liegen bleiben.

Nur du ganz allein kannst deine Aufgaben erkennen, nur du allein kannst deinem eigenen Weg folgen. Nur du kannst die Sonne wieder aus deinem Herzen strahlen lassen. Nur du kannst die Erde, die dich trägt und nährt, wieder ehren und pflegen. Nur du kannst dein Auge in das Blau des Himmels richten und dich von der sichtbaren Welt in die unsichtbare tragen lassen.

Nur du kannst die zaghaften ersten Klänge hören, die das junge Grün des Frühlings hervorbringt, nur du kannst in die fröhliche Melodie des Sommers einstimmen, die über der Weite des Landes erklingt, nur du kannst dich an der Musik des Herbstes erfreuen, mit der die Ernte gefeiert wird, und schließlich kannst nur du die zarte Weise vernehmen, die dich im Winter hinüber lockt, ins Licht jenseits der Dunkelheit.

Finde deine Mutter Erde, deinen Vater Himmel, finde deinen Polarstern – finde den Großen Geist in dir selbst!

Alle Dinge begannen mit einer Vision. Alle Dinge haben ihren Ursprung in der Vision. Doch alle Dinge müssen auch noch ins Werk gesetzt werden.

Alles, was ist oder entsteht oder erzeugt oder geschaffen wird – alles ist das Ergebnis eines Tuns oder Ausführens. Selbst die Vision ist nicht ohne Voraussetzung:

Wir müssen sie suchen. Wir müssen Visionen und Träume suchen und unsere Träume dann leben.

(Aus: Welt des Wissens: Der Gesang des Donnervogels, S.40, O.W. Barth Verlag, Bern/München)

Buchhinweise

- *Spirituelles Erwachen* – Geistige Entwicklung im neuen Jahrtausend, Darshan Singh, Knaur Verlag, München 1999
- *Kraft der Seele* – Anleitungen zur spirituellen Entwicklung, – Rajinder Singh, Urania Verlag, CH-Neuhausen 1997
- *Empowering Your Soul through Meditation,* Rajinder Singh, – Element Books 1999 (deutsch bei Urania Verlag, CH-Neuhausen; erscheint im Spätherbst 1999, vermutlich unter dem Titel «Durch Meditation die Seele erwecken»)
- *Tarot der Liebe*, Karten-Design Marcia Perry, Texte Gayan S. Winter und Wulfing von Rohr, Karten bei AGMüller, CH-Neuhausen, Buch bei Ariston Verlag, Kreuzlingen 1994
- *Kraft der Engel* – Wegweiser durchs Jahr, Karten-Design Gayan S. Winter, Texte Wulfing von Rohr, Urania Verlag, CH-Neuhausen 1996
- *Erinnert euch an eure Menschlichkeit*, Johann Benedikt (Hrsg.), Urania Verlag, CH-Neuhausen 1998
- *Licht in der Stille* – Ein Stundenbuch über Sterben und Leben, Wulfing von Rohr, Urania Verlag, CH-Neuhausen 1998
- *Der Seelenquotient* – Was ist Ihr SQ? Wie Sie Ihr ganzes Potential entfalten, Wulfing von Rohr, Goldmann Verlag, München 1998
- *Das Buch der Meister* – Wer sie sind und warum wir sie brauchen, Wulfing von Rohr, Knaur Verlag, München 1998
- *Auf den Spuren der Weisheit* – Gedanken für jeden Tag des Jahres aus den Religionen der Welt, Antje Büsing (Hrsg.), Gütersloher Verlagshaus, Gütersloh 1997

Der Künstler

Kenneth Joseph Estrada ist in Santa Fe als Nachkomme einer alten spanischen Familie geboren, die sich vor vielen Jahrhunderten im amerikanischen Südwesten ansiedelte. Er wurde in den Weg der Indianer-Schamanen von Älteren initiiert, die nicht genannt werden möchten. Ken ist ein sensibler Künstler, der sich von der Weisheit der Anasazi-Schamanen inspirieren läßt, die sich in den halb verwitterten Felsbildern spiegelt, die fast überall im *Land of Enchantment* zu finden sind. Er schafft Zeichen und Bilder, die den Großen Geist der Alten lebendig werden lassen, jedoch auf eine Art und Weise, welche die Archetypen und Symbole für uns moderne Menschen zugänglich macht. Bei Interesse an seiner Arbeit (er bietet die Bilder dieser Karten auch als Originalgemälde an) kann man sich direkt an ihn wenden: 1920 Thomas Avenue, Santa Fe, NM 87505.

Der Autor

Wulfing von Rohr ist Fernsehjournalist und Yogalehrer, Seminarleiter und Meditationsschüler, Autor und Koautor von mehr als fünfzig Büchern über Selbsterfahrung, natürliche Gesundheit und geistige Wege. Er gehört zu den führenden Fachleuten über Spiritualität, Meditation und Mystik in Europa. Während seines zwölfjährigen Aufenthalts in Santa Fe hat er für das ZDF eine Fernsehdokumentation über die verschwundene Anasazi-Kultur im Chaco Canyon gemacht, die auch in den USA ausgestrahlt wurde und in einem Begleitbuch zur Serie erschien. Er lebt wieder in Europa und ist für Beratungen, Vorträge oder Seminare über folgende Adresse zu erreichen: Wulfing von Rohr, Angererstr. 12, D 83346 Bergen, Tel. (08662) 5842, Fax. 419553, e-mail: LifeForum@t-online.de. Hinweise zu einigen seiner Bücher finden Sie auf S. 152.

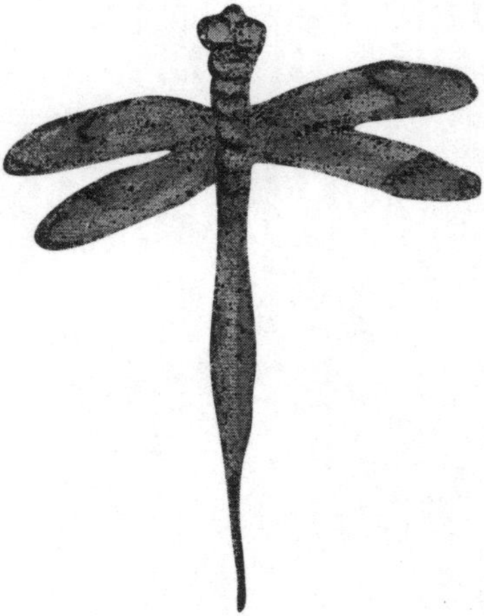